A SOCIEDADE DOS FILHOS ÓRFÃOS

SERGIO SINAY

A SOCIEDADE DOS FILHOS ÓRFÃOS

Quando pais
e mães abandonam
suas responsabilidades

Tradução
Luís Carlos Cabral

3ª edição

BestSeller

Rio de Janeiro | 2025

CIP-BRASIL. CATALOGAÇÃO-NA-FONTE
SINDICATO NACIONAL DOS EDITORES DE LIVROS, RJ.

S622s
3ª ed.

Sinay, Sergio
  A sociedade dos filhos órfãos / Sergio Sinay;
tradução: Luís Carlos Cabral.- 3ª ed. - Rio de Janeiro: Best*Seller*,
2025.

Tradução de: La sociedad de los hijos huérfanos
ISBN 978-85-7684-440-2

1. Pai e filho. 2. Pai e filho - Argentina. I. Título.

12-0090

CDD: 649.1080982
CDU: 649.1(82)

Texto revisado segundo o novo Acordo Ortográfico
da Língua Portuguesa.

Título original espanhol
LA SOCIEDAD DE LOS HIJOS HUÉRFANOS
Copyright © 2007 BY Sergio Sinay
Copyright da tradução © 2012 by Editora Best Seller Ltda.

Capa: Marianne Lépine
Crédito de imagem de capa: Michelle McMahon/Getty Images
Editoração eletrônica: **editoriarte**

Todos os direitos reservados. Proibida a reprodução,
no todo ou em parte, sem autorização prévia por escrito da editora,
sejam quais forem os meios empregados.

Direitos exclusivos de publicação em língua portuguesa para o Brasil
adquiridos pela
EDITORA BEST SELLER LTDA.
Rua Argentina, 171, parte, São Cristóvão
Rio de Janeiro, RJ – 20921-380
que se reserva a propriedade literária desta tradução.

Impresso no Brasil

ISBN 978-85-7684-440-2

Seja um leitor preferencial Record.
Cadastre-se e receba informações sobre nossos lançamentos
e nossas promoções.

Atendimento e venda direta ao leitor:
mdireto@record.com.br ou (21) 2585-2002.

Para Marilen, com meu amor de sempre e mais.

Para Iván, com meu amor profundo, moldado em nossa fecunda e bela experiência de pai e filho.

A meus pais, Miriam e Moisés, com amor e eterna gratidão por sua entrega, sua coragem, seu compromisso, sua presença.

Para José Presti, meu querido Pepe, com o amor e o reconhecimento do aluno que foi orientado com responsabilidade e com carinho, e do homem e profissional que hoje, adulto, continua se nutrindo de seus ensinamentos e sua orientação.

Aos filhos de coração com os quais a vida me abençoa a cada passo, porque cada um plantou uma semente em minha alma.

Sumário

Introdução
Os órfãos que nos cercam..................................... 09

Capítulo 1
Basta ter filho para ser pai?.................... 21

Capítulo 2
Pais à deriva, filhos sem ninho................... 37

Capítulo 3
Os filhos órfãos têm pais............................ 57

Capítulo 4
Pais consumidos, filhos consumistas......... 73

Capítulo 5
Os filhos, espelhos que fitam seus pais...... 95

Capítulo 6
Pais que não educam, filhos que não amadurecem 117

Capítulo 7
Pais distraídos, filhos doentes 137

Capítulo 8
Pais "amigos" dos filhos: uma confusão sem limites .. 161

Capítulo 9
Transformar-se em pais e mães de nossos filhos 189

Apêndice
O homem que não deixou órfãos 207

Introdução
Os órfãos que nos cercam

Há livros que são escritos com facilidade e há livros que são escritos com dificuldade. Este pertence à segunda categoria. Não se trata de uma dificuldade técnica, tampouco dos famosos "bloqueios" do escritor, nem de um súbito divórcio de palavras ou ideias. Pelo contrário, elas vieram a mim de maneira fluente e constante durante todo o processo de elaboração destas páginas. A dificuldade a que me refiro é mais um estado de ânimo, um status espiritual manifestado ao longo do trabalho.

Quem se propuser a observar com honestidade e sem preconceitos o cenário em que os habitantes desta sociedade e deste tempo vivem verá crianças e adolescentes à deriva, abandonados a um destino incerto, ou destinados a serem vítimas de todo tipo de comerciantes; de manipuladores ideológicos; de operadores midiáticos; de impunes experimentalistas pedagógicos, psicológicos, psiquiátricos e farmacológicos; de sinistros traficantes e dos mais variados tipos de domesticadores. Não me refiro apenas aos meninos de rua, aos marginalizados e abandonados, aos explorados e abusados tanto por políticos e funcionários públicos quanto por empresários imorais e imperdoáveis. Esses são, sem dúvida, os mais óbvios, que podem ser vistos com mais facilidade através do distanciamento ou podem ser encarados como meros objetos de estatísticas e análises de viés sociológico. Falo de todo tipo de crianças e adolescentes, de todos os níveis sociais e culturais e ainda mais daqueles que estão nos níveis intermediários e superiores da pirâmide. Os mais pobres, os literalmente abandonados e excluídos, os cuspidos para longe da vida comunitária, privados das mais básicas oportunidades existenciais, os pisoteados sem asco e sem remorsos, estes são órfãos indiscutíveis. Políticos e poderosos de toda laia, que hoje se veem impunes e livres de qualquer remorso ou chamado de consciência, em algum momento pagarão sua parte majoritária dessa dívida.

No entanto, em outras camadas sociais, os órfãos também formam uma legião, uma praga, uma epidemia, uma crescente multidão, um fenômeno de massas. Sua orfandade é de outro tipo, embora seu futuro (geralmente acolchoado por promessas) não seja menos sombrio do ponto de vista existencial. A imensa maioria deles tem pai e mãe, encontra-os, convive com eles (das várias maneiras como se convive em uma sociedade que passa por uma transição dos modelos familiares). A totalidade deles frequenta colégios e escolas, tem acesso a tecnologias de comunicação, vive em contextos nos quais as necessidades básicas (alimentação, teto, abrigo, água) são cobertas. São atendidas pelos adultos que os trouxeram à vida, que os criam e que os educam, ou por adultos que cumprem essas funções mesmo sem ter ligação biológica com eles. Ainda assim, esses meninos e adolescentes são órfãos funcionais. Recebem bens materiais; desconhecem ou têm pouco contato com a impossibilidade, a frustração e a perda; enfrentam poucos limites, que, com frequência, são frouxos e ambíguos; estão cercados de adultos que se comportam como eles e que os imitam, adultos que em sua vida pública e social podem ser bem-sucedidos, poderosos, respeitados, invejados, mas que se negam a ser, além de adultos, maduros. Tentam fugir do tempo, se mimetizam com as crianças e adolescentes, têm horror à responsabilidade de criá-los, educá-los, guiá-los, limitá-los e dar-lhes ordens. Adultos que se drogam com todo tipo de bens, atividades, fármacos, exercícios pseudoespirituais e terapias pasteurizadas com o objetivo de não passar pela experiência necessária, profunda, às vezes incômoda (quando não dolorosa) de abandonar a própria adolescência e encontrar o sentido único e intransferível de suas vidas. Adultos que aceitam o que lhes é oferecido, não se arriscam, não tomam decisões quando isso implica pagar um preço (e não há decisão sem preço, é uma lei da vida). De qualquer maneira, acabam por pagá-lo de maneira direta, inocultável, ou de maneira sutil, imperceptível. A orfandade de seus filhos (e suas consequências) pode ser um desses custos.

As crianças e adolescentes que são criados e educados por esses adultos (em funções parentais, docentes ou sociais, conforme o caso) são os que chamo de *filhos órfãos*. Nossa sociedade, o estilo de vida que nela predomina, os paradigmas éticos reinantes e o modelo hegemônico adotado nas relações humanas (entre sujeito e objeto, e não entre sujeito e sujeito) geraram, na grande maioria dos pais e dos adultos envolvidos com crianças e adolescentes, uma inclinação ao medo, à negligência, ao desentendimento e à procura de soluções fáceis no exercício dessa criação e educação. Um equivocado sentido de amor os leva a temer que o exercício das funções parentais em seus aspectos menos fáceis e demagógicos possa ter como consequência o "desamor" dos filhos. Há uma nefasta confusão entre paternidade e amizade, e esta desaba sobre os filhos na figura de um "amigo" (papai) ou "amiga" (mamãe) anacrônicos, abomináveis, patéticos e disfuncionais enquanto gera um vazio no tão necessário espaço parental. Os filhos órfãos desta sociedade estão sendo criados pela televisão-lixo, pelos fabricantes de junk food, pelos produtores de uma tecnologia vazia e inútil que os incapacitará para muitas funções da vida cotidiana. Estão sendo criados por artefatos informáticos e cibernéticos que banalizam suas mentes, sua capacidade de aprendizado e suas habilidades para a comunicação humana real. Estão sendo deixados nas mãos (muitas vezes, com honrosas exceções) de comerciantes da educação. Estão sendo abandonados aos disparates de ministros e funcionários do magistério que pensam da única maneira que sabem — em termos proselitistas, demagógicos, populistas ou de poder e acumulação. Estão sendo abandonados totalmente indefesos às estratégias perversas de diferentes mercadocratas dispostos a afogá-los sem piedade na maré consumista na qual seus pais já afundaram. Mercadocratas cuja missão é gerar lucro sem escrúpulos vendendo de telefones celulares a tênis, de videogames a psicofármacos (sim, para crianças), de parques temáticos a fenômenos pseudoliterários ou álcool à vontade, e assim até o infinito. No cúmulo do cinismo, depois estes mercadocratas costumam oferecer espaços de "reflexão" aos pais desses filhos com os quais lucram sem escrúpulos morais.

As consequências são estarrecedoras. Violência infantil e adolescente, obesidade infantil epidêmica, toxicomania e alcoolismo em idades cada vez mais baixas, notáveis índices de ignorância de crianças e adolescentes a respeito de questões elementares para saber em que ambiente vivem e como este foi criado. Incultura galopante. Há mais: desordem das relações filiais e parentais, permitindo que crianças que mal aprenderam a se limpar ou adolescentes incapazes de completar com êxito uma simples operação aritmética tomem decisões na família ou determinem ações familiares (desde a compra de um carro à escolha de uma viagem de férias, ou o horário em que a televisão deve ser desligada, ou quando todos os habitantes da casa devem estar de volta, ou quando fazer as compras do supermercado, para citar apenas algumas das funções que caberiam aos pais ou tutores).

Os filhos órfãos crescem do ponto de vista físico, mas não evoluem nem amadurecem nos aspectos psíquico, emocional e espiritual. Reproduzem-se geometricamente. Às vezes acham que são adultos — quando não o são —, e provocam tragédias de todo tipo, públicas e privadas, e, em outros casos, resistem violentamente a avançar junto com sua idade, regridem a adolescências eternas. Vemos, então, muitas vezes, crianças irresponsáveis (filhas de grandes irresponsáveis) atropelando pessoas no comando de ciclomotores nas praias ou ao volante de potentes carros nas ruas e estradas. Ou encontramos adultos já feitos, com barba na cara, com mais de 20 e até de 30 anos, que se recusam a abandonar os lares paternos, onde vivem confortavelmente instalados. Nas madrugadas, podemos andar por ruas semeadas de restos de adolescentes alcoolizados e narcotizados. Ou circular entre pequenos depredadores que quebram por quebrar, brigam por brigar, enganam por enganar ou sujam por sujar, em um constante desafio público que é um prolongamento de sua conduta doméstica.

Nestas cenas, e em tantas outras, o menos importante é a conduta das crianças. Insurgir-se contra elas seria uma maneira de matar o mensageiro. Esses comportamentos revelam algo muito mais inquietante. Deixam patente a deserção, a abdicação massiva e contínua dos pais, em primeiro lugar, e dos adultos, em geral. Este é um ponto fundamental.

Para que haja órfãos, tem de haver a ausência dos pais (embora esta seja muito mais notável nos progenitores homens, estou me referindo aqui a pais e mães). Trata-se de uma ausência que já parece militante. Uma ausência persistente, repetitiva. Uma ausência que priva os filhos de viver a sequência de experiências que conduzem a uma evolução harmônica rumo à maturidade, uma ausência que os desorienta, desordena, priva de ferramentas para a construção de uma vida com propósitos, significado e sentido. Uma ausência que se protege em dezenas de desculpas (o tempo, o trabalho, "o que ouvi na terapia", a necessidade de "meu próprio crescimento e meu próprio espaço", o medo de ser "autoritário", o conselho lido no best-seller do último guru da puericultura etc.), mas que, definitivamente, não tem justificativa. Porque, quando a paternidade e a maternidade não são vistas como escolhas responsáveis, acabam se transformando, à luz dos fatos, em infelizes casualidades biológicas.

Tudo isto é abordado nas páginas que se seguem. Há muitos anos me dedico a investigar e explorar as relações humanas. Não falo deste assunto a partir de um posto de observação cuidadosamente imunizado contra a realidade. Vivo com pais e filhos, entre pais e filhos, sou pai e filho, trabalho com pais e filhos, me movimento nas várias camadas e circunstâncias da vida social, passo por experiências no entorno em que vivo e elas me ajudam a refletir, a observar, me modificam, me chamam a agir, a intervir. Eu o faço, corro esses riscos. Creio que cada um de nós pertence a seu tempo, mas somos fruto de tempos pretéritos e semente dos que virão. Se continuarmos produzindo filhos órfãos, seremos responsáveis por uma próxima e imediata sociedade órfã. Essa orfandade não começa quando nossos filhos se desinteressam por sua origem e se despreocupam em relação ao que virá, mas sim quando nós não os entendemos.

As consequências deste desentendimento são nefastas e não estão escondidas; ao contrário, desfilam de modo dramático diante de nossos olhos. A única maneira de não vê-las é fechando-os, e enclausurando também os ouvidos, obscurecendo nossas mentes e tapando nosso coração. Insisto: não há justificativa. E, no entanto, as desculpas brotam com uma facilidade, uma abundância e uma rapidez assustadoras. Estamos falando de seres humanos em formação, de vidas trazidas a este mundo para desenvolver suas melhores potencialidades. Estamos falando de seres frágeis que precisam de orientação, acompanhamento, ordens, referências, limites, desenvolvimento. Eles necessitam de presença ativa e firme. Necessitam de pais que assumam sua responsabilidade, que exerçam seu papel com amorosa coragem, com convicta iniciativa. Não se pode delegar a criação dos filhos nem sua educação, não se pode deixá-la a cargo de um piloto automático, da sorte, da vontade, dos gostos, das experiências alheias. Os filhos não chegam às nossas vidas para preencher um arquivo (um arquivo etiquetado como "pai" ou "mãe" e que nos dará pontos no jogo das missões sociais e familiares). Não deveríamos decidir ter um filho da mesma forma que decidimos comprar um carro, uma casa ou uma televisão de plasma. Os filhos não são rolhas que tapam buracos, ou não deveriam sê-lo. O papel dos avós, da escola, dos professores ou dos terapeutas não deveria ser o de pais substitutos e, no entanto, é o que se pede a eles cada vez com mais frequência, desvirtuando e adiando as importantes funções que, conforme o caso, devem exercer. Funções sempre complementares, embora isso seja esquecido.

Se as pessoas que irão se tornar pais ou mães têm problemas com questões como a autoridade, os limites, não saber dizer não, tomar decisões, administrar o tempo, construir e respeitar uma escala de valores claramente estabelecida, seria bom que trabalhassem isso antes de ter um filho, pois tudo estará em jogo quando tiverem de exercer suas funções. Se não têm clareza sobre o sentido de suas vidas, aquilo que as tornará significativas, talvez precisem se dedicar a explorar essa questão antes de arrastar uma vida nova e indefesa à torrente do vazio existencial. Um filho não merece ser trazido à vida para remendar a crise de um casal que não soube resolver de uma maneira madura seus conflitos, seu esvaziamento e sua deterioração. Um filho não merece vir para se transformar no troféu que o narcisismo de uma mulher ou de um homem reclama. Quando um filho nasce como produto ou no meio de qualquer uma das situações que acabo de descrever, torna-se órfão antes de nascer.

Ninguém pensou nele, todos pensaram em si mesmos. Antes de ser fruto do amor, o será do egoísmo.

A população cresce, nascem mais crianças do que nunca. Um número progressivo delas será de órfãos, embora seus pais vivam e façam parte de sua vida cotidiana. A menos que haja uma tomada de consciência e a paternidade e maternidade voltem a ser consideradas (não só na palavra, mas no coração, no espírito, nas atitudes e nas ações) como experiências que não se definem apenas pela procriação, mas pelo respeito à vida criada e à humanidade de que fazemos parte, a orfandade de que trata este livro será um fenômeno em alta. Este não é um assunto menor, mas uma das manifestações mais claras da crise de sentido, de transcendência, de espiritualidade e, embora soe como lugar-comum, de valores — manifestações que corroem como uma doença terminal a sociedade contemporânea.

Os adultos estão sendo protagonistas, gestores, reprodutores e responsáveis por essa crise. Porém, é inadmissível que levem as crianças a participar dela. Escrevo no plural apenas para dar ênfase e urgência à frase. Sei que nem todos os adultos estão no mesmo lugar. Há quem trabalhe duramente (com amor, coragem, dedicação e fé) em prol de outro tipo de vínculo humano, de outro tipo de comunhão entre as pessoas, de uma vida significativa, melhor. São pais, mães, docentes, pensadores, médicos, terapeutas, sacerdotes, pastores, rabinos e avós comprometidos. Geram esperança. Mas trata-se de uma minoria. O modelo de vida, de relações humanas, de pensamento, de política, de negócios, de pedagogia, de comunicação midiática prevalecente hoje, o que abrange a maior quantidade de pessoas, não para de parir filhos órfãos.

A constatação desta realidade cotidiana gerou a dificuldade que mencionei no princípio e que me acompanhou durante a elaboração deste livro. Senti que era necessário escrever estas páginas e, ao mesmo tempo, me parecia injusto ter de fazê-lo. Isso gerou em mim uma sensação de dor, de áspera rebeldia nascida ao calor de uma pergunta: por que advertir sobre os filhos órfãos desta sociedade, por que chamar a atenção sobre eles, se a imensa maioria tem pai e mãe? Revolta-me e dói perceber tanta orfandade evitável, injustificável, destrutiva e desalentadora, embora ela possa ser explicada como parte de um contexto conformado pela cultura em que vivemos: a cultura da fugacidade, da superficialidade extrema, da banalidade, da vida light e desprovida de sentido, do prazer efêmero e a qualquer preço, das relações vazias, da conexão sem comunicação, da manipulação de consciências e sentimentos, do prazer pelo prazer, do poder pelo poder, da sexualidade puramente genital, do ocaso da responsabilidade, da confusão entre liberdade e falta de compromisso, do consumo desaforado, viciador e predador.

Os filhos órfãos são as vítimas desse modelo e, na minha opinião, se equivoca quem pretende enfrentar o fenômeno reduzindo-o a meras questões de dinâmica familiar, de enfoques pedagógicos, de cálculo estatístico, de decálogos pediátricos ou psicoterapêuticos. A questão dos filhos órfãos precisa de um olhar holístico, que encare esta anomalia como resultado de um paradigma cultural e social que padece de uma doença terminal, que não deve ser abordada (apenas) com teorias, explicações, declarações, propostas e sugestões, mas com ações, compromissos, riscos, presença e atos. Os pais de filhos órfãos não precisam ser justificados, adulados ou recrutados com fins de lucro e poder. Adulá-los e justificá-los equivale a prolongar até o infinito a sombria cadeia da orfandade. Quem o fizer estará tratando esses pais como eles tratam seus filhos. E este livro explora as consequências dessa conduta.

A sociedade dos filhos órfãos se assemelha ao meu livro anterior, *La masculinidad tóxica*. Ambos tratam de fenômenos igualmente trágicos da sociedade contemporânea. E completará a trilogia minha próxima obra, na qual abordarei o paradoxo infausto que provém da profunda incomunicabilidade, da deterioração dos laços humanos em uma sociedade que desenvolveu como uma metástase sua tecnologia de conexão e seus recursos midiáticos, ao mesmo tempo em que transformou os seres humanos em meros objetos ou moedas.

Talvez a leitura das próximas páginas não seja prazerosa. Nunca tive a intenção de que assim fosse. Mas espero que elas mobilizem, ajudem a refletir, a agir, a reagir, a transformar. Se isso ocorrer com uma única pessoa, todo o trabalho terá valido a pena. E um filho, que é hoje órfão, deixará de sê-lo.

Capítulo 1
Basta ter filho para ser pai?

Um filho é um acidente biológico. Todas as espécies se reproduzem. A espécie humana também. Basta unir um macho e uma fêmea sexualmente e se obterá um filhote da espécie em questão. No caso dos humanos, são chamados de bebês. E, repito, trata-se, a princípio, de um acidente biológico. Sei que esta declaração escandalizará muita gente, no entanto é necessário dizer. *Ter um filho é um acidente biológico.* Transformar essa peripécia em um fato transcendente e significativo, em um ato pleno de sentido, em uma contribuição ao aperfeiçoamento da vida humana e planetária, em um acontecimento espiritual que vai além do pessoal é um processo que requer consciência, compromisso, responsabilidade e amor. Através desse processo, nos convertemos em pais e mães no sentido mais profundo e essencial da palavra. Quando isso não acontece, somos meros reprodutores, simples causadores (vou dizer novamente) de um acidente biológico. Um acidente que muitas vezes é trágico e doloroso. Quando desertamos da consciência, do compromisso, da responsabilidade e do amor implícitos à concepção de uma vida, o acidente tem como resultado a orfandade. A orfandade, entendida a partir de seu aspecto mais devastador, deixa os filhos sem amor, sem referência, sem alimento emocional, sem orientação ética, sem modelos existenciais, sem nutrientes espirituais. Abandona-os à deriva. Na medida em que essa deserção aumenta, quando se converte em um paradigma da relação entre pais, mães e filhos, nos vemos diante de um fenômeno social de consequências graves, amplas, sutis e explícitas, imediatas e de longo prazo, na maioria das vezes, irreversíveis. Quando essa deserção se converte — cruel paradoxo — em um modelo de criação, nos vemos cercados por legiões de órfãos. Descobrimos que estamos vivendo em uma sociedade de filhos órfãos.

Essa é a sociedade em que vivemos hoje. A morte física dos pais não é condição necessária para o filho se transformar em órfão. E a presença deles não é, por sua vez, uma garantia contra a orfandade. Uma criança pode ver seus pais todos os dias, ter contato físico e material com eles, viver sob o mesmo teto, ser matriculada no colégio por eles, receber dessas mesmas pessoas o alimento que come e a roupa que veste e ser um órfão. Ao contrário, há crianças que perderam física ou emocionalmente seus progenitores e, no entanto, encontraram fontes nutritivas (de afeto, de valores, de condutas, de atenção, de valorização, de confirmação) que desempenharam em relação a elas, e com vantagens, as funções materna e paterna.

A orfandade mais radical, profunda e devastadora é o fruto amargo, entre outras causas, da crença de que criar um filho é muito semelhante a brincar de boneca. Na era da automação, quando administramos o mundo através de teclas (do computador, do forno de micro-ondas, do celular, do aparelho de DVD, do painel do automóvel etc.), quando fechamos as brechas entre o desejo e sua realização, e os serviços de entrega dos restaurantes nos trazem rapidamente tudo cozido, requentado e sem nossa participação na elaboração e cozimento, nos tempos em que esperar é sinônimo de desesperar, chegamos a nos convencer de que os filhos são feitos, tidos e criados à la carte. Fantasiamos que a paternidade e a maternidade são, definitivamente, simples exercícios de manipulação de um painel de controle. Quero um filho, quero que seja menino (ou menina), quero que nasça no dia e horário programado (como planejamos com o obstetra, uma vez que ele e nós temos uma agenda complicada), quero que saiba inglês, que jogue tênis, que seja meu amigo (ou amiga), que me divirta, que me deslumbre com sua inteligência, que seja saudável, que durma nove ou dez horas desde o princípio, que tenha amiguinhos (ou amiguinhas) com os quais faça programas, que se adapte às minhas necessidades, viagens e excursões, que me deixe com tempo para mim mesmo, que seja um geniozinho da informática, que seja o melhor da sua classe, que desperte a inveja de meus amigos, que não me questione quando crescer, que não me traga problemas, que me peça que o leve e que o traga, mas apenas quando me convier, que me admire, que não compita comigo (embora eu compita com ele ou com ela), que amanhã me dê netos ou netas tão perfeitos como ele ou ela (e que, além disso, esses netos não me chamem de "vovô" ou "vovó" e sim pelo meu nome ou pelo meu apelido para que não me sinta velho ou velha). E quero que isto aconteça logo, mas sem que eu envelheça. E, além disso, desejo que alguém se encarregue de que tudo transcorra assim, como estou pedindo. Alguém. A babá, a escola, o computador, minha mãe, minha sogra, o terapeuta, o celular, o McDonald's, o clube, a academia. Alguém. Que alguém se ocupe. Porque eu não tenho tempo.

ORFANDADE, ORFANDADES

Há muitos filhos que preenchem todos esses requisitos e desejos de seus pais. Milhares. Dezenas de milhares. Eles são filhos órfãos. O conceito de orfandade, aqui e agora, ultrapassa o conceito tradicional. Vai além dos muitos bens materiais que possam cercar uma criança, além dos colégios famosos e caros que frequente, além dos professores particulares e das aulas de teatro, tênis, computação, guitarra elétrica, windsurfe ou idiomas que ocupem sua agenda, além das deslumbrantes viagens a centros de diversão ou de esqui para "recompensá-la" todos os anos, além de um tempo de "qualidade" (esses minutos compactados) que seus pais estão convencidos que lhe proporcionam. É uma orfandade *emocional* (ausência de fontes nas quais possam nutrir e expressar seu mundo afetivo a partir da interação contínua e ativa com os adultos mais próximos, os pais). É uma orfandade *ética* (privação de referências concretas, reais, constantes para a construção e o exercício de uma escala de valores que são transmitidos com presença e atitudes). É uma orfandade de *logos* (ausência de conversas, exemplos vivos, experiências compartilhadas com os adultos que deem lugar a uma conexão precoce com a vontade de construir uma vida com sentido). É uma orfandade *espiritual* (falta de um ambiente, criado pelos adultos mais próximos, e estimulado por eles, em que se possa ir mais além das simples e imediatas questões materiais, para poder se ligar a instâncias transcendentes, interpessoais, superiores). É uma orfandade *afetiva* (carência de sinais consistentes e constantes, emitidos por seus adultos, que ratifiquem seu valor como pessoa, sua importância, seu caráter especial; esses sinais só chegam com o olhar interessado, a escuta receptiva, o tempo compartilhado, a valorização de ações e criações e o acompanhamento dos processos e experiências gerados pelas diferentes etapas evolutivas). É uma orfandade *normativa* (falta de limites que permitam aprender a conviver de uma maneira construtiva, que gerem noções de valor, que construam ambientes seguros e favoráveis ao próprio desenvolvimento).

Omitidos por medo, por negligência, por preguiça, por manipulação afetiva ou por uma errônea concepção de carinho, esses limites deixam as crianças sem referências existenciais essenciais.

Todas essas faces da orfandade podem ser detectadas com nitidez em nossa sociedade aqui e agora. Cada uma, e todas em conjunto, tem consequências penosas. Uma frase extremamente ouvida e repetida, e já esvaziada de conteúdo e sentido, diz que as crianças são nosso futuro, que elas construirão a sociedade de amanhã. Na boca dos adultos de hoje (sobretudo quando esses adultos têm responsabilidades diretas e inevitáveis sobre a vida dessas crianças, no papel de dirigentes políticos, funcionários do sistema educacional, fabricantes de produtos de consumo infantil e adolescente, comunicadores e pais), muitas vezes essa frase não é apenas desgastada e inócua. Pior: se transforma em uma ironia cruel, em uma declaração cínica.

Alguns meses depois da tragédia da boate Cromagnon em Buenos Aires (ocorrida em 30 de dezembro de 2004), na qual morreram 192 crianças, jovens e adolescentes apinhados em um espaço que funcionava graças à corrupção e à cumplicidade de governantes, fiscais, empresários e músicos, o psicólogo e pastor evangélico Jorge Galli escreveu um texto implacável intitulado "Adultos irresponsáveis, tragédia certa". Com uma lucidez e um rigor saturninos (na astrologia, costuma-se atribuir ao planeta Saturno a função de impor e controlar normas e valores), dizia que "no mundo dos adultos não ouvimos um único mea-culpa, uma única autocrítica, um único gesto de arrependimento". O autor falava de funcionários, empresários e pais. Destes últimos, assinalava, "deve surgir o primeiro indício de que assumiremos uma boa parte do custo desta tragédia e daquelas que nossos jovens vivem todos os dias".

Galli traduzia em números muitas dessas tragédias. Cito aqui algumas delas: "54% dos jovens argentinos vivem abaixo da linha da pobreza, 45% não têm assistência social, 13% abandonam o colégio, 35% não trabalham ou estudam, 12% são portadores de HIV, 72% consomem álcool, 10% se drogam e 25% das grávidas são mães ainda na adolescência." Naturalmente, esses números aumentam à medida que são transcritos. Nesse caso, como nunca, os dados estão por trás de uma realidade em processo de declínio permanente.

O então ministro da saúde da província de Buenos Aires, Claudio Mate, disse em setembro de 2006 que, nesse único distrito, o número de mortes de adolescentes cresceu de 400 para 1.200 por ano em uma década.* "Quase sempre acontecem por motivos externos", afirmou Mate, "como a violência, os partos prematuros, os acidentes e o consumo de drogas". E acrescentou: "Sete de cada dez adolescentes chegam ao sistema de saúde devido ao con-

---

* Jornal *La Nación*, Buenos Aires, 20 de setembro de 2006, reportagem de Sebastián Lalaurette.

sumo excessivo de álcool, de cocaína e de maconha, mas a principal causa de acidentes e casos de violência é a intoxicação alcoólica."

Não jogar a bola fora

Uma pesquisa realizada no final de 2006 pela Fundação Odisea e a consultoria Ipsos-Mora y Araujo, que ouviu 1.200 jovens em todo o país, funcionou como um espelho significativo. Para os próprios pesquisados, seus principais problemas eram as drogas e o álcool (48%), a falta de oportunidades (30%), a violência (28%), a falta de modelos a serem seguidos (15%), entre outros. E, em sua maioria (85%), viam a si mesmos como consumistas. Setenta e dois por cento disseram "pensar só no agora", 42% se qualificaram como apáticos e apenas 35% como responsáveis.*

De acordo com um estudo do Departamento de Política Criminal do Ministério do Interior argentino, entre 2002 e 2006 morreram de forma violenta (acidentes, suicídios, violência) 11.771 argentinos entre 15 e 24 anos de idade. E, entre 2001 e 2003, 3% das ações penais julgadas em Buenos Aires tinham como réus menores de 18 anos, sendo que 52% deles pertenciam a famílias das classes média e alta.**

---

* Jornal *La Nación*, Buenos Aires, 31 de outubro de 2006.
** Revista *Veintitrés*, Buenos Aires, 20 de abril de 2006.

Este detalhe não é desprezível. Geralmente, quando se citam estatísticas, há uma tendência a acreditar que se referem a coisas que só acontecem com os "outros". Talvez esse mecanismo de deflexão (jogar a bola fora) se manifeste em alguns leitores destas páginas. No entanto, não cessarei de lembrar cada vez que julgar necessário: a orfandade não é um fenômeno dos marginalizados sociais, das classes baixas, de um mundo distante. Os filhos órfãos são uma legião e estão entre nós, ao nosso lado.

As crianças que não conseguem viver sem um celular grudado na orelha (súbitos mutantes que incorporaram este apêndice eletrônico como se fosse parte de seu corpo) ou sem enviar compulsivamente mensagens de texto, não são alienígenas, não pertencem a outra galáxia e, sim, a esta. E são a vanguarda de uma nova enfermidade. Um estudo que abrangeu 18 mil escolas, realizado em 2004 e 2005 pelo Escritório de Defesa do Menor da Comunidade de Madri, comprovou que 38% dessas crianças desenvolviam alterações comportamentais e transtornos de ansiedade toda vez que eram privadas de seus celulares. O número, embora espanhol, é perfeitamente globalizável, se me permitem o neologismo, e, portanto, aplicável a nossa sociedade. Silenciosamente (valha o paradoxo), um novo vício se instalou entre as crianças e adolescentes. E o fez com a graciosa, bem-disposta, orgulhosa ou, em último caso, resignada cumplicidade dos pais. Este tema merecerá um espaço especial algumas páginas mais adiante.

Tampouco são crianças estranhas aquelas que, segundo o Centro de Estudos Sobre Nutrição Infantil (CESNI), colocam a Argentina no terceiro lugar no ranking de países latino-americanos com maior porcentagem de obesidade infantil. Este problema já é mais grave que o da desnutrição infantil. O fenômeno (que prenuncia futuros diabéticos, cardíacos, hipertensos e outros) não é uma catástrofe natural, um tsunami que acontece por capricho da natureza. O site especializado Buena Salud cita uma pesquisa realizada com 170 meninos de 6 a 11 anos que foram a um importante clube da cidade de Buenos Aires para sua iniciação esportiva. A pesquisa teve resultados que cito textualmente: "Os aniversários são festejados com junk food e há consumo diário de refrigerantes, biscoitinhos e alfajores, o tradicional doce argentino (...) Cinquenta por cento almoçam ou jantam diariamente hambúrguer, cachorro-quente, empanada ou pizza. Da mesma maneira, 36% almoçam ou jantam bebendo refrigerante que, além de estragar o esmalte dental e produzir cáries, interfere na absorção de vitaminas e produz uma falsa sensação de saciedade. Outros 20% consomem habitualmente achocolatado em pó, que dificulta a capacidade do organismo de absorver o cálcio do leite. E traziam em suas mochilas, para consumir no clube, batatas fritas, palitos de milho, biscoitinhos e alfajores. E a lista de conclusões alarmantes não terminava ali: 7% bebiam refrigerantes no desjejum."*

---

* www.buenasalud.com (em espanhol)

A INFÂNCIA REAL

Essas crianças vivem sozinhas, decidem suas vidas de cabo a rabo, são responsáveis por sua própria alimentação ou foram emancipadas? Não. No entanto, na cena que estes números refletem, assim como em todas as outras que citei neste capítulo, onde estão os adultos, os pais, as referências, os orientadores destas vidas em formação? "*La infancia es otra cosa*" é o título de um belo e poderoso poema de Mario Benedetti (presente no livro *Quemar las naves*, incluído em *Inventario*) que começa com estes versos: *É fácil vaticinar que os propagandistas da infância não vão / interromper sua campanha / querem nos vender a inocência como se fosse um desodorante ou um horóscopo. / Afinal, sabem que cairemos como pardais na armadilha / piando nostalgias, inventando recordações, aperfeiçoando a ansiedade.* O panorama real da infância e da adolescência se parece muito mais com essa "outra coisa" a que Benedetti se refere. Um panorama de confusão, de mensagens duplas ou ambíguas, exigências desmedidas (prova disso são as crianças estressadas, das quais tratarei mais adiante), descuidos ou desentendimentos emocionais, o abandono de funções paternas e maternas substituídas por "amizades" e cumplicidades disfuncionais que progenitores e adultos costumam adotar como bases de vínculos com as crianças. Em nossa sociedade, em nossa cultura, mesmo que estejam cercados de gente, de movimentação, crivados por mensagens midiáticas, engasgados com objetos desnecessários, ilusoriamente protegidos dos perigos igualmente fantasiados na maioria dos casos, com pais muitas vezes empanturrados de literatura e conselhos pedagógicos ou de autoajuda voltada à criação, as crianças e os adolescentes estão sozinhos, órfãos do que mais precisam. Ao seu redor, os adultos são, na maioria das vezes, figuras fantasmagóricas que as veem como estranhas e até têm medo delas.

Pressionados pela manipulação publicitária, usados como meninos de recados ou como munição em conflitos conjugais ou familiares dos adultos, muitas vezes trazidos à vida para dissolver solidões ou conflitos matrimoniais e emocionais desses adultos, carentes dos ritos de passagem e de iniciação que vão pautando (com a orientação dos mais velhos) o trânsito pelas distintas etapas evolutivas, necessitadas de confirmações, de habilitações, de autorizações ou de limites significativos e nutritivos, acabam crescendo como podem. E o fazem em meio a riscos evitáveis (físicos, psicológicos e de saúde) que se manifestam em vícios, obesidade, violência, acidentes, ignorância cultural e emocional, tergiversação de valores, perda de sentido existencial. Aprendem uma sexualidade desprovida de emoções, insegura, arriscada, meramente genital. Serão eles os adultos hipertensos do iminente amanhã, os pacientes cardíacos precoces, os angustiados, desengonçados povoadores de consultórios terapêuticos, onde deixarão esperanças e desperdiçarão horas de sua vida sem encontrar um sentido para ela. Serão os desolados caçadores de satisfações materiais, de poder, tomados pela equivocada crença de que ali se encontra a felicidade sempre perseguida e nunca alcançada. Serão os viciados em tranquilizantes, sedativos e antidepressivos que enriquecerão (cada vez mais) a indústria farmacêutica que, através da ritalina, os conquistou quando ainda eram seres em formação. Serão (a partir da política, dos negócios, de distintas profissões e atividades) os projetistas de uma sociedade talvez mais sombria (e com menos margem de ressurreição) que aquela em que cresceram.

Que comunidade humana poderão construir, por sua vez, aqueles que foram criados na sociedade dos filhos órfãos? Talvez fosse isso mesmo que o prêmio Nobel britânico William Golding se perguntava quando publicou, em 1954, seu primeiro e mais conhecido romance: *O senhor das moscas* (levado ao cinema por Peter Brooks, em 1963). Nesta obra, de assustadora e surpreendente beleza, um avião, em que viajavam estudantes, cai em uma ilha deserta e nenhum adulto sobrevive. Entregues à própria sorte, as crianças levarão dali em diante uma vida da qual desapareceram os tutores, as regras, os limites e qualquer outro objetivo que não seja a sobrevivência. Não há condescendência, não existe final feliz na poderosa narrativa de Golding. Não há aquilo que os adultos de hoje querem obter apesar de sua desistência: indulgência, falsa compreensão. O final de *O senhor das moscas* é trágico, o romance deixa múltiplas perguntas e reflexões sobre o Bem, o Mal, as regras, a convivência humana, a educação, a liderança, o amor, a violência. E, tenha pretendido ou não, Golding nos recorda que os adultos são, em relação às crianças, aos seus filhos, àqueles que têm sob sua responsabilidade, algo mais que simples elos em uma cadeia de transmissão e muito, muito mais do que um requisito biológico. São responsáveis.

A responsabilidade dos adultos inclui a de pais, educadores, funcionários públicos, políticos, comunicadores, publicitários, especialistas em técnicas de mercado, empresários. Em diferentes lugares, exercendo distintas funções, todos esses papéis são gestores da orfandade das crianças e adolescentes de nossa cultura. Também podem (é sua decisão, sua escolha, sua atitude) lhes proporcionar uma infância e uma adolescência significativa, respaldada, acompanhada, guiada, cheia de valores e orientada para um sentido. Entretanto, a orfandade dos filhos de nossa sociedade é muito mais do que uma situação que diga respeito aos próprios órfãos. A relação desta sociedade com seus filhos está em crise profunda. A palavra crise deriva do verbo grego *krinein*, que significa separar ou decidir. Refere-se a um momento de decisão, de teste. O filósofo e psiquiatra alemão Karl Jaspers, um dos pais do existencialismo, definiu crise como "o momento em que tudo sofre um brusco movimento do qual o ser humano surge transformado, seja pela origem de uma nova decisão ou, então, pela rendição".

As crises, desta perspectiva que compartilho, não se resolvem por azar nem por fatores alheios a seus atores. Esses fatores alheios, se existissem, só proporiam aos protagonistas novas decisões, ou seja, um novo exercício de responsabilidade.

Em um lúcido artigo intitulado "Pasar el equipaje", que publicou na revista dominical do jornal *La Nación*, de Buenos Aires, o educador, ensaísta e ex-reitor da Universidade Nacional de Buenos Aires, Guillermo Jaim Etcheverry recordava uma interrogação que Platão se fazia em *A república*: "Vamos permitir, então, tão apressadamente, que as crianças ouçam qualquer história, forjada pelo primeiro que se aproxime delas e que deem lugar em seu espírito a ideias geralmente opostas às que acreditamos ser necessário que lhes tenham sido inculcadas quando chegarem a ser adultas?" Jaim Etcheverry observa imediatamente: "Pareceria que admitimos que carecemos de um corpo de conhecimentos mais valiosos para lhes transmitir, de valores mais desejáveis para orientar suas vidas adultas. Assumimos a atitude cômoda e demagógica de aceitar que todas as mensagens, pelo simples fato de serem emitidas, são igualmente válidas. Isto nos libera da responsabilidade de nos interrogar acerca do núcleo de ideias que os jovens devem chegar a possuir quando crescerem." Onde diz "ideias" pode-se ler também valores, referências, propósitos, sentido de vida. Onde diz "responsabilidade", cada um deveria saber que fala de se encarregar, de atender a partir do lugar que caiba a cada um, da tarefa de conduzir essas vidas em formação.

Omitir essas perguntas e responsabilidades não nos deixa à margem da resposta. A resposta se chama orfandade. Mas não é a única possível.

Capítulo 2
Pais à deriva, filhos sem ninho

Na madrugada chuvosa de 21 de abril de 2007, um sábado, na avenida do Libertador, em Vicente López, um subúrbio tranquilo de Buenos Aires, um motorista de 18 anos, Guillermo Goñi Trotti, ao volante de um caro e potente Honda Prelude que, segundo testemunhas, atravessava semáforos vermelhos a uma velocidade meteórica, atropelou e matou um garoto de 16 anos (Francisco Vrech) que tentava atravessar a rua com dois amigos. O homicida fugiu e só foi detido pela polícia quase duas horas depois, após ter sido perseguido por outros motoristas. O então Diretor de Trânsito de Vicente López, Juan Carlos Graiño, comentou na ocasião que "se um menino de 16 anos estava a uma hora dessas na rua, alguma responsabilidade sua família também deve ter". Um dia depois, o intendente da localidade, Enrique García, fazendo depressa seus cálculos eleitorais, mandou um porta-voz para desprestigiar Graiño. Dois dias depois, pediu a ele que renunciasse.

Em 19 de janeiro de 2005, vinte dias após 192 rapazes e garotas (60% deles com menos de 24 anos) terem morrido na catástrofe da boate Cromagnon, no centro de Buenos Aires, foi realizado em Villa Gesell, um tradicional balneário juvenil e progressista da costa atlântica da cidade, o Gesell Rock, um festival de música para jovens. Os organizadores, com a consciência alertada pela recente tragédia, convidaram os pais dos jovens que iriam ao espetáculo a visitar o lugar do evento um dia antes. O objetivo era lhes mostrar que todas as medidas de segurança haviam sido adotadas para que a festa não acabasse no cemitério, como costuma ser o hábito nacional.

Apenas meia dúzia de pais aceitou o convite. Doze mil rapazes e garotas assistiram na noite seguinte ao festival de rock. Eram 12 mil rapazes e garotas e só apareceram seis pais, uma porcentagem tão mínima, tão pequena, que, de fato, fico com vergonha de escrever.

Em uma noite de março de 2006, em Palermo, um bairro de classe média alta de Buenos Aires, Matías Bragagnolo, um garoto de 16 anos, foi perseguido e surrado por um bando de adolescentes da mesma idade e morreu no meio do incidente. Seu pai, que lutou persistentemente para que se fizesse justiça, comentou, triste, diante das câmeras de televisão, que seu filho era um bom menino, cuja única transgressão consistia em dirigir seu carro sem carteira de motorista (pois não tinha idade).

Estavam tão fora de lugar as palavras de Graiño, que só mereciam como resposta a ofensa, o rápido esquecimento e o ato de descartá-lo? É de fato uma transgressão menor, uma mera travessura, um menino de 16 anos dirigir sem habilitação o carro do pai com o conhecimento deste? Por que terão se ausentado o resto dos 12 mil pais e mães que não tiveram o menor interesse em saber em que condições de segurança estariam seus filhos? Posso imaginar as respostas: "Estou muito cansado(a), não tenho tempo para essas coisas." "Não é minha responsabilidade, é responsabilidade dos organizadores do festival, eles que se encarreguem." "Eu confio no meu filho(a); ele(a) é incapaz de se meter em confusão." "Estou de férias, não me venham com novas tarefas." "Certamente os pais de Fulaninho ou Fulaninha irão, depois pergunto pra eles." "Será uma perda de tempo, mostram uma coisa e depois fazem outra." Não sou adivinho, de maneira que posso estar enganado. Ou talvez estas respostas imaginárias sejam produto do meu preconceito. Pode ser. Mas ouvi muitos pais e mães falarem assim diante de situações distintas, mas ainda comparáveis. Há também os que têm vontade de ir, mas temem que, se o fizerem, seus filhos briguem com eles por tratá-los como crianças. Há os pais que pensam que criarão filhos "maricas" se os proibirem de dirigir em uma idade em que ainda não podem fazê-lo. Há muitas formas de medo da reprovação filial; não se quer afetar a "independência" nem a "liberdade" dos filhos. Teme-se que a relação entre em conflito. Os pais não querem parecer, aos olhos dos filhos, desconfiados, repressores, espiões ou autoritários.

Neste contexto, reitero a pergunta: estavam erradas as palavras do ex-funcionário Graiño? Merecia, por tê-las pronunciado, ser expulso do governo municipal do qual fazia parte? Funcionário menor, o ex-Diretor de Trânsito foi logo esquecido. O político que o demitiu (um simples caçador de votos como a maioria dos dirigentes, desde ministros da Educação até intendentes, ministros da Ação Social, governadores, presidentes, que mantêm as crianças e os adolescentes tão afastados de suas preocupações quanto mantêm próxima uma obscena ambição de poder) conseguiu evitar rapidamente que desabasse em cima dele uma nuvem de pais ofendidos. Sentir-se ofendido é uma forma de negação que nossa cultura impôs com grande êxito. Muitos pais se ofendem rapidamente (talvez o façam ao ler estas páginas) quando insinua-se sua ausência, sua recusa em assumir suas responsabilidades, sua perigosa delegação da criação e educação dos filhos a terceiros: "Não vou permitir que se duvide de mim como pai (ou mãe)." "Não admito que se questione o amor que sinto pelos meus filhos." Frases como estas embandeiram essas atitudes ofendidas. Mas não alteram a realidade.

Fazer ou deixar passar

Naturalmente, questionar as atitudes paternas não significa colocar em dúvida seu amor pelos filhos, mas a eficácia e a responsabilidade no desempenho de funções indelegáveis em relação a eles. Um adolescente mata outro com um carro. Um grupo de meninos mata outro a pancadas. Dezenas de garotos faltam à aula para ir travar uma batalha campal com alunos de outro colégio que seus próprios pais chamam de "rivais" e não de "colegas". Duas centenas de meninos e meninas morrem incendiados e, desta vez sim, os gritos alcançam os céus, mas as condições monstruosamente absurdas e perigosas em que a tragédia foi desencadeada são as mesmas em que, durante anos, esses e outros jovens celebraram seus rituais a cada fim de semana. Seus pais não sabiam? Talvez não. Deviam saber, deviam ter perguntado? Sim, deviam. Poderiam ter evitado a tragédia? Sim, poderiam ter tentado fazer algo.

Sem chegar a morrer, a cada noite, a cada dia, a cada final de semana, milhares de jovens transitam, provocam e são objeto de situações perigosas do ponto de vista físico e psicológico. Muitos pais ignoram este fato (é preciso dizer: por desleixo, negligência e preguiça emocional); muitos outros sabem, mas fingem ignorar ou limitam sua preocupação a um simples, débil e inoperante comentário ou declaração "apenas para constar". Alguns outros admitem francamente seu desassossego e agregam confissões impotentes do tipo: "Meu filho escapou das minhas mãos." Uns poucos apelam para medidas desesperadas e tardias (castigos, proibições, ameaças) que provocam o conflito tão temido. E, por fim, outros, a minoria, assume sua responsabilidade. Conheço, entre estes, os que oferecem alternativas. Em vez de seus filhos irem dançar em lugares onde são vítimas de vendedores de ruído, álcool, droga, violência e outros venenos, estes pais, de maneira rotativa, organizam reuniões em suas casas para os jovens. Nessas reuniões há álcool (normalmente cerveja), mas em quantidade limitada e, quando acaba, não há mais. Todos sabem e têm consciência disso, o que torna o consumo também consciente. Nessas reuniões, há adultos, mas eles não participam. São os pais donos da casa, que permanecem no lar, mas fora do ambiente da reunião. Sua simples presença é um fator regulador dos comportamentos, fazendo com que nunca precisem intervir. Conforme a idade dos participantes, a reunião termina mais cedo ou mais tarde, e os jovens são recolhidos pelos seus pais ou, quando são maiores, enviados às suas casas em táxis e em grupos.

Outros pais, homens neste caso, se reúnem periodicamente para debater e refletir sobre a evolução e o comportamento de seus filhos, a problemática social e escolar, propor atitudes coletivas para enfrentá-las ou dar apoio uns aos outros (ouvindo, sugerindo, agindo concretamente) quando a relação de algum deles com o filho requer cuidados especiais. Também planejam e levam a cabo eventos sociais, culturais, esportivos, gastronômicos, turísticos, de aventura ou simplesmente lúdicos com seus filhos. Isso pode incluir um debate com os garotos sobre um tema que lhes seja atraente, passar um fim de semana em um acampamento, organizar um torneio de futebol, ir ao teatro ou a um show de rock, um almoço organizado e produzido em equipe de pais e filhos (uns compram os mantimentos, outros cozinham, outros lavam, outros servem), ou assistir a um filme em casa e a reflexão coletiva sobre o mesmo.

Estas e outras tarefas exigem tempo, consomem energia. Requerem presença, compromisso. Disso se trata ser pai, de conduzir uma vida até seu amadurecimento. Ser pai, ser mãe não é um *hobby* ou uma atividade para as horas livres. Trata-se de um empreendimento de tempo integral (e mesmo quando não é estritamente no físico, é no emocional). Só quando são tratadas com este nível de consciência, a maternidade e a paternidade podem confirmar os vínculos e encontram em seu próprio exercício o antídoto para aquilo que o filósofo Jaime Barylko definiu, de maneira inspirada, como um estigma desta sociedade e destes tempos: o medo diante dos filhos.

Variações sobre o mesmo temor

O que é exatamente esse medo? São vários, na verdade. Temor de que o filho fique irremediavelmente traumatizado ao se ver diante de um limite ou uma frustração, sobretudo quando são impostos pelos pais. De que esse trauma o deixe em condições inferiores para sua luta pela vida em uma sociedade que a maioria dos pais define e aceita passivamente como competitiva. De que tudo isso resulte na infelicidade dos filhos. De que os filhos culpem os pais por essa infelicidade. De que, como resultado de tudo isso, os filhos deixem de amá-los. Outros temores: de que um limite ou uma negativa transforme o filho no único ("pobrezinho") que não teve um brinquedo eletrônico, que não fez tal viagem, que não foi a tal concerto, que não teve tal tênis. Temor de que isso transforme os pais em personagens "amargos" e "por fora" diante do olhar infantil, em primeiro lugar, e de seus colegas, posteriormente.

Talvez tudo isso possa ser sintetizado pelo medo de não ser "bons pais", de perder o carinho dos filhos, de serem desqualificados pelo olhar dos outros. Nenhum destes temores costumava acossar os pais e mães daqueles que hoje, adultos, são pais e mães de crianças e adolescentes. Até meados do século XX, o pai provia o material (além de espermatozoide e sobrenome), impunha castigos, administrava recompensas. A mãe paria, amamentava, alimentava, cuidava da saúde e das rotinas escolares. O pai era respeitado a partir do temor e da distância emocional, a mãe era reverenciada como reconhecimento de sua paciência e sacrifício. O pai era referência de condutas trabalhistas e a mãe da gestão doméstica. "Minha mãe arrumava a casa e a cozinha desta maneira, e meu pai conduzia os negócios e a vida pública de tal forma." Pais e mães não tinham dúvidas sobre seus papéis e não se perguntavam sobre suas funções. Os papéis, mais do que arquétipos (modelos ricos em significados, moldáveis em seus modos de expressão), eram estereótipos (papéis que se repetiam de modo automático e valiam sobretudo por sua forma). Podiam sobrar, aos olhos de hoje, numerosas zonas não atendidas, especialmente no campo emocional, enormes lacunas de comunicação, carência de respostas para perguntas decisivas que nem sequer eram formuladas. No entanto, pais, mães e filhos entendiam a organização, os códigos e as hierarquias das relações que os uniam. O afeto não estava em cheque, embora sua manifestação talvez fosse pobre, duvidosa ou questionável. Os pais amavam seus filhos, os filhos amavam seus pais, a ninguém poderia ocorrer que não era assim, pois simplesmente era a ordem natural das coisas. Não se questionava isso como não se questionava a lei da gravidade. E tampouco se perguntava sobre o que significa amar e de como se ama conscientemente e através de atos. Não se concebia sequer a ideia de que amor (na relação pai e filho, como em qualquer outro vínculo humano) é o nome de uma construção, de uma interação constante e não algo *per se*, genético e transmitido por uma simples mecânica biológica.

O planeta do doutor Spock

Foi assim até que chegaram os anos 1960, trazendo uma série de profundas mudanças sociais. Em princípio, o surgimento da pílula anticoncepcional e outros métodos nos quais a mulher tinha iniciativa e recuperava a posse de seu corpo, de seu útero, de seu desejo e, definitivamente, de sua sexualidade. Isso deu às mulheres um papel mais ativo nas relações entre os sexos, o que se somou ao fenômeno de sua incorporação ao mundo do trabalho (que começou na Segunda Guerra Mundial, com o desaparecimento dos homens nos campos de batalha e a multiplicação de vagas nas fábricas, repartições e escritórios) e a outros espaços sociais e públicos.

A Revolução Sexual, por um lado, e os movimentos de liberação feminina, por outro, além do final da Guerra Fria, o *baby boom* (explosão de nascimentos) que se seguiu à guerra como uma manifestação de esperança no futuro da Humanidade, também foram geradores das transformações que marcaram a época e tiveram outros exemplos na irrupção do movimento hippie, do Flower Power, da New Age, no maio francês de 1968. A Era de Aquário se anunciava propondo um mundo novo. Aqueles pais e mães que pouco duvidavam e nunca se questionavam — filhos e netos, por sua vez, de pais e avós que pouco duvidavam e nunca se questionavam acerca da paternidade, da maternidade, da criação, da educação e da condução de crianças e adolescentes —, olhavam atordoados como, diante de seus olhos, o mundo e os costumes que haviam permanecido inalterados por décadas e gerações desabavam.

O divórcio começou a ser uma circunstância possível no casamento, dividir uma casa sem se casar se converteu em uma transgressão que as novas gerações experimentavam como prova de sua independência e sua diferenciação. Palavras como "companheiro" ou "companheira" substituíram namorado, namorada, esposa, marido. O modelo familiar tradicional começaria a viver uma metamorfose cuja profundidade e repercussões apenas seriam vistas em toda sua dimensão um quarto de século mais tarde, e que hoje, no começo do século XXI, ainda incomoda a muitos e está longe de ter se completado. Como um dado significativo que veio condimentar de maneira mais intensa todo esse processo, a psicoterapia (em suas diferentes vertentes e correntes, entre as quais surgiu com força, nos anos 1960, a psicologia humanística, questionadora da psicanálise) deu sua contribuição à confrontação dos velhos padrões de criação, educação e convivência familiar segundo os quais os filhos deveriam ser meros repetidores dos modelos paternos e simples cumpridores das expectativas destinadas a eles no ambiente familiar. Quem sou, o que quero, o que fizeram de mim, o que farei com o que fizeram de mim foram interrogações que, de uma maneira hamletiana, se instalaram no panorama das novas gerações da então (ainda orgulhosa e confiante) classe média.

Afastar-se dos modelos dos próprios pais floresceu como uma determinação imperiosa para um número crescente de jovens casais. Como costuma ocorrer, todo modelo fixo, rígido e estereotipado acaba levando à irrupção abrupta de seu oposto. Da rigidez, do autoritarismo, do automatismo e da imobilidade de um modelo de criação antigo nasceriam uma paternidade e uma maternidade que fariam da liberdade, da ausência de restrições e da celebração da "sabedoria da infância" suas marcas no tecido social. Em países onde o autoritarismo regia a vida política e social (Argentina, Espanha e Brasil podem confirmar isso) esta abertura na puericultura e na educação adquiriu uma intensidade especial.

O que esta filosofia precisava era de uma autorização científica, ou seja, teorias psicológicas, pediátricas, educacionais que a sustentassem. E aí surgiu o nome do doutor Benjamin Spock. Sem tecnicismos, com uma linguagem acessível, Spock começara a propor uma nova alternativa pediátrica aos pais em 1946, quando foi editado, pela primeira vez, seu livro *Meu filho, meu tesouro*. "Os novos pais não se sujeitam tão facilmente, como as gerações anteriores, à rigidez que predominara até então: (...) não dar de comer a seu bebê nem um minuto mais tarde nem um minuto mais cedo; cuidar para que tome toda a mamadeira", sustentava este pediatra e psiquiatra nascido em 1903 em New Haven, medalha de ouro em remo das olimpíadas de 1924, aceito em Harvard e depois professor em Cornell, Nova York. Spock se antecipou ao detectar o fim de um modelo de criação e, de fato, nos primeiros anos seu livro vendeu 750 mil exemplares.

Nos aquarianos anos 1960, Spock se convertera em um ativista político que estava em consonância com os temas da época (o pacifismo, a proposta de um novo humanismo) e isso acabou por transformá-lo em um emblema para os jovens pais, que o consideraram um guia sábio e autorizado que os conduziria a um novo modelo de formação. Seu livro virou uma bíblia para esses pais, foi traduzido para 39 idiomas e vendeu cerca de 50 milhões de exemplares. Spock propunha um diálogo entre flexibilidade e firmeza como elementos essenciais da criação. E pedia aos responsáveis pelas crianças que não confundissem firmeza com rigidez e autoritarismo, nem flexibilidade com timidez.

Enquanto ele se colocava à frente de marchas contra a guerra no Vietnã e a proliferação de armas nucleares, enquanto (com seus quase 2 metros de altura, sua cabeleira cinza, seu paletó e sua gravata, no meio de centenas de jovens hippies) encabeçava movimentos a favor da descriminalização do aborto e do consumo da maconha e fomentava a desobediência civil, os pais e as mães dessa geração davam uma ênfase especial a um dos termos da equação spockiana: flexibilidade (já que, às vezes, os filhos haviam conhecido versões muito duras da firmeza e preferiam esquecê-la).

Quando, em 1972, candidatou-se à Presidência dos Estados Unidos pelo Partido do Povo (obteria 75 mil votos), já reunira adversários que, escorados na psiquiatria, na religião e no conservadorismo social, o acusavam de ter acabado com a família tradicional, de ter plantado sementes para o crescimento da delinquência juvenil e de ter se convertido, enfim, no "pai da tolerância". Algumas das propostas apresentadas por Spock em seu livro incentivavam esse ódio. Por exemplo, sugeria dar dinheiro às crianças (semanadas, mesadas) sem exigir nada em troca, nem sequer uma prestação de contas, para que não se sentissem controladas. Aconselhava dar bonecas aos meninos e caminhões às meninas e que brincassem intensamente com eles. Era forte opositor à imposição de castigos de qualquer tipo às crianças, pois isso lhes daria a ideia de que o mais forte tem direitos sobre o mais fraco (e depois fariam o mesmo). Insistia em que o amor pelas crianças é o melhor antídoto contra qualquer erro de criação e que era necessário confiar mais nesse amor do que no conselho de pediatras, psicólogos e educadores. Em uma reedição de 1971, acrescentou uma emenda à sua própria visão sobre maternidade e paternidade: "Sempre dei por certo que a mãe se encarregaria da maior parte da criação dos filhos (e das tarefas do lar), independentemente da extrema vontade de trabalhar fora de casa. Mas esta suposição quase universal faz com que a mulher sinta uma compulsão muito maior do que o homem de sacrificar uma parte de sua carreira para criar bem seus filhos (...) Agora reconheço que a responsabilidade do pai é tão grande quanto a da mãe."

O doutor Benjamin Spock morreu em 1998, aos 95 anos e, em minha opinião, não foi o único responsável pela mudança profunda produzida nos modelos de criação, nem o culpado pelos aspectos disfuncionais dessa mudança. Seria excessivamente pobre dizer que os pais de hoje são filhos das propostas de Spock. Muitos desses responsáveis, ao que me consta, nem ao menos sabem quem foi este Spock e talvez o confundam com o orelhudo protagonista da série televisiva *Jornada nas Estrelas*. Spock reagira contra um modelo rígido de criação, no qual dedicação e cumprimento dos deveres não estavam necessariamente unidos à nutrição emocional, comunicação afetiva profunda e colaboração na construção de modelos de vida transcendentes. Sua intenção, à margem de exageros e desvirtuamentos, deve ser valorizada ainda hoje.

Naquela época, na Argentina, o psiquiatra Arnaldo Rascovsky se encarregava de semear culpas, dúvidas, medo e confusão na mente das mães através de um termo ao qual se encarregou de dar novas e mais sombrias acepções: o *filicídio*. Para este guru freudiano, o pai era uma figura insignificante, ausente, não merecedora da menor atenção na criação dos filhos. E a mãe não só devia se encarregar de todas as tarefas, mas também assumir todas as culpas da longa lista de erros que Rascovsky se encarregava de apresentar às pobres mulheres que o procuravam ou ouviam sua conversa fiada. Rascovsky parecia acreditar que as crianças tinham, desde o nascimento, poder de autodeterminação, autonomia absoluta, experiência em relação a si mesmas, noção clara de suas necessidades e desejos, e que era necessário deixar-lhes o caminho livre para que os manifestassem, enquanto as mães ignoravam tudo e, portanto, só cometiam erros na criação, erros que provocariam em seus pequenos príncipes e princesas traumas sinistros e irreparáveis. Ordenava às atribuladas progenitoras que se limitassem a ser simples tetas inesgotáveis, que amamentassem sem reclamar até qualquer idade e que não interferissem nos impulsos, deslocamentos e vontades de seus bebês. Rascovsky liderou (ele sim de maneira autoritária, embora não tenha sido o único) uma psicologização quase caricatural da relação entre pais e filhos e, para impô-la, invocou o fantasma do autoritarismo (em que é necessário seguir as determinações das tábuas da lei psicoterapêutica ou converter-se em um autoritário como o foram seus próprios pais ou os governos que suportamos). Essa corrente produziu resultados devastadores e instalou-se tão profundamente no inconsciente coletivo da classe média que ainda está em vigor. Muito mais do que costumamos perceber ou admitir.

LÁ E ENTÃO, AQUI E AGORA

Entre aquilo que Spock propunha e o que prevalece nos dias de hoje há uma série de confusões inquietantes e de má interpretações. Mais além dos temores de Spock, a flexibilidade não aparece apenas como timidez, mas como desentendimento, negligência ou ausência emocional. A firmeza nas atitudes paternas e maternas é uma pepita de ouro difícil de achar e, quando aparece, mesmo de maneira efêmera, costuma gerar montanhas de culpas entre os progenitores que, finalmente, os levam a tomar atitudes confusas, contraditórias, geradoras de mensagens duplas incompreensíveis para a mente dos filhos e os vínculos paterno-filiais. Entre os pais e os filhos da era a.S. (antes de Spock) havia um cisma afetivo e emocional, e prevalecia o distanciamento, o medo ou, na melhor das hipóteses, a reverência. Os pais e mães d.S. (depois de Spock) apagaram aquelas rígidas fronteiras até o ponto em que, infantilizando-se, desesperados para não crescer, esforçando-se para serem cúmplices de seus filhos, confundindo cumplicidade com amor, condescendência afetiva com presença emocional e independência e autonomia pessoal com prescindência vincular, quase terminaram por transferir aos filhos a responsabilidade de se criarem sozinhos.

Os pais a.S. (sobretudo as mães) construíam suas relações com o fim exclusivo de fundar uma família com características predeterminadas e imodificáveis. Ela criava, ele provia e não sobrava tempo para o desenvolvimento ou as inquietudes pessoais. O que era necessário vivenciar como indivíduo se vivenciava antes que se convertessem em marido e mulher e, sobretudo, em pai e mãe. Depois, seriam apenas isso: papai e mamãe. Para sempre.

Os pais d.S. (mais, ainda hoje, os pais) são habitantes da era do ego, agora fundam famílias a partir de modelos flexíveis e variados, mas não esquecem seus direitos de serem "eles mesmos", de não se "descuidar", de não abandonar os objetivos pessoais. Sofrem, muitas vezes, com as responsabilidades da criação, veem a necessidade que os filhos têm de atenção, presença emocional, orientação, referências, limites como uma demanda injusta. Ao contrário de seus pais, frequentemente não têm tempo para a paternidade em toda a dimensão do que esta significa. Os filhos dos pais a.S. viviam, muitas vezes, suas infâncias em jaulas (espaços protetores que os impediam de voar). Os filhos dos pais d.S. sentem amiúde a sensação de carência de ninhos (espaços nutritivos a partir dos quais se aprende a voar).

Os pais a.S., muitas vezes, através de seus métodos e atitudes, geravam em seus filhos temor e culpa. Os pais d.S. temem seus filhos e, com frequência, se veem de mãos atadas por culpas confusas. No espaço entre ambos os modelos foi gerado um vazio. O inquietante e perigoso vazio habitado pelos filhos órfãos de nossa sociedade.

Para semear presença, nutrição, amor, orientação, referências e valores nesse espaço, urge revisar o modelo de vínculos interpessoais que predomina no aqui e agora, e a maneira profunda em que esse modelo lançou raízes em quem tem hoje a responsabilidade de conduzir a vida que criou.

Quando os filhos mais novos desta sociedade se matam entre si; quando vivem à deriva procurando seus destinos; quando vão aos colégios para lutar e se maltratar, e não para compartilhar experiências de crescimento; quando criam mundos fechados que seus pais ignoram ou preferem ignorar; quando têm mais diálogo com os fornecedores de álcool e de droga do que com seus pais; quando suas referências são ídolos, mas não exemplos; quando empresários imorais, políticos corruptos, manipuladores midiáticos e oportunistas de toda laia e variadas profissões se apoderam de suas mentes, suas vidas e seus destinos, a frase de Juan Carlos Graiño, o descartado funcionário de Vicente López, merece ser considerada, embora parar para pensar nela possa ser incômodo e doloroso. Na sociedade dos filhos órfãos, as tragédias que afetam as crianças não são fenômenos naturais nem avatares do insondável destino. Esta orfandade não é produto do azar e sim de um tipo de vínculo humano e de um modelo de vida que predomina na sociedade que formamos. Um modelo cujo questionamento é urgente.

Capítulo 3
Os filhos orfãos têm pais

Morrie Schwartz lecionou sociologia na Universidade de Brandeis, em Nova York, durante trinta anos. Um de seus alunos foi Mitch Albom, que depois se transformou em um respeitado jornalista e escritor. Embora Morrie fosse o professor favorito de Mitch, e Mitch o aluno predileto de Morrie, eles ficaram sem se ver ao longo dos vinte anos seguintes à graduação do aluno. Foram se reencontrar quando Mitch soube que Morrie estava morrendo de uma enfermidade lenta, implacável e terminal chamada esclerose lateral amiotrófica. Enquanto Morrie se consumia, Mitch o visitava toda terça-feira e tinham encontros de alto conteúdo emocional, e profundo significado espiritual e intelectual. Foram quatorze terças-feiras antes que Morrie morresse, na manhã de um sábado, e suas conversas foram registradas por Mitch em um belo e valioso livro intitulado *A última grande lição: o sentido da vida*. Em uma das últimas conversas entre os dois, Morrie (mesmo doente, um velho bonito, cheio de humor e sabedoria, que aprendeu a aceitar e receber serenamente a morte), refletia: "No princípio da vida, quando somos crianças recém-nascidas, precisamos dos demais para sobreviver, não é mesmo? E, no final da vida, quando você fica como eu, precisa dos demais para sobreviver, não é mesmo?" Depois de um silêncio, acrescentou, sussurrando: "Mas eis aqui o segredo: entre as duas coisas também necessitamos dos demais."

Este é o segredo que parece ter sido esquecido por nossa cultura. Pelo contrário, os demais, o outro, o próximo, o semelhante (quantas palavras podem descrevê-lo!) foram se transformando paulatinamente em uma silhueta, uma sombra sem rosto, uma referência distante, sem conteúdo, isso quando não são considerados como um obstáculo ou um meio para se atingir um fim. Nunca existiram tantos seres humanos vivos quanto hoje, nunca estivemos tão conectados pela tecnologia e talvez nunca tenhamos estado menos em contato entre si, nunca nos reconhecemos menos como semelhantes e necessários uns para outros.

O século XXI, ainda em sua infância, começou sob o signo do egoísmo. A identidade das pessoas parece ser construída a partir do que elas têm, embora poucas saibam *o que são e quem* são. Vivemos na sociedade do mercado. Visto individualmente, cada um de nós é um *consumidor* e, ao lado dos outros, passa a fazer parte do *mercado*. O mercado é o ambiente no qual se compram e vendem mercadorias. Hoje os indivíduos são, prioritariamente, isso: mercadorias. Valem o que têm. Como precisam ter para valer, sempre haverá alguém disposto a lhes vender para que tenham. Durante o oitavo encontro entre Schwartz e Albom, o professor e seu discípulo conversaram sobre o dinheiro. "Encontro, em todos os lugares, pessoas que querem engolir uma coisa nova", disse Morrie. "Engolir um carro novo, engolir uma casa nova, engolir o último brinquedo. E depois querem exibi-lo: 'Veja o que tenho, veja o que tenho'. Sempre achei que essas pessoas têm tanta fome de amor que aceitam substitutos. Abraçam bens materiais e esperam que estes lhes abracem de volta."

O GRANDE VAZIO

Sem dúvida, quando há tanta energia destinada a "engolir", resta pouca para a relação humana, para o cultivo dos vínculos, para olhar e escutar, para falar e manifestar necessidades e sentimentos. As pessoas se (des)vinculam, se (des)conhecem. Ficam encapsuladas em categorias que as despersonalizam. Viram uma matéria facilmente maleável que responde às formas que lhes são propostas pelos grandes manipuladores — os indivíduos que operam como especialistas de mercado, profetas econômicos, funcionários públicos de altos graus e aparências, políticos, diretores de meios de comunicação, produtores de televisão, publicitários criativos, fabricantes de produtos e bens facilmente "engolíveis". Neste contexto, parece que "mais" é sempre "melhor". É preciso desejar mais, ter mais, mostrar mais, aspirar a mais. A palavra "mega" incrustou-se no vocabulário contemporâneo e acompanha cada vocábulo. Os concertos, os cardápios, os eventos de todo tipo, as televisões, os automóveis, os cartões de crédito, tudo deve ser mega. Mega significa que algo foi multiplicado por dez e depois elevado à sexta potência. Mesmo assim, na cultura do mega, o que predomina é uma mega insatisfação, um mega vazio existencial, uma mega angústia coletiva.

O médico psiquiatra, psicoterapeuta e filósofo humanista austríaco Viktor Frankl, criador da logoterapia e uma das mentes mais lúcidas do século XX, sustentava que o ser humano é uma unidade psicofísica-espiritual que, diferentemente dos animais, não recebe do instinto as diretivas que, uma vez cumpridas, o deixarão satisfeito. Saiba-o ou não, queira-o ou não, dizia Frankl, o homem aspira à transcendência, a algo que está além dele mesmo e que, inevitavelmente, o leva ao outro, ao semelhante, ao próximo. Essa tendência é de ordem espiritual e, enquanto não é atendida, gera uma sensação de vazio, de angústia, de falta de sentido. Em seu livro *Em busca de sentido*, Frankl explica que, quando a pessoa perde contato com a vontade de construir e buscar o transcendente, "nem sequer parece mais saber o que quer. Ou se inclina a querer o que fazem os demais, ou a fazer aquilo que os demais querem que faça. No primeiro caso, trata-se de conformismo; no segundo, de totalitarismo. Ao lado do conformismo e do totalitarismo, surge, como terceira consequência do vazio existencial, uma neurose específica, inédita, precisamente a que chamei de neurose noógena". Esta é a neurose que predomina em nossa sociedade e, antes de ser um fenômeno psicopatológico, é uma questão filosófica, derivada de uma atitude diante da vida.

Reduzidas a uma inerte condição de consumidoras, anônimas integrantes de um mercado cada vez mais global, no qual sua identidade é o número do cartão de crédito ou alguma senha (uma das tantas que lhes são exigidas para "se conectar" ou "entrar"), as pessoas simplesmente transcorrem, como faziam os habitantes de *Admirável mundo novo*, a premonitória fábula que Aldous Huxley publicou em 1932. Eram indivíduos que haviam conseguido tudo na vida, menos a felicidade, e que, desprovidos de vontade de sentido, procuravam-na em substâncias, especialmente em uma, chamada *soma*, cujo consumo lhes propiciava sensações virtuais, um tipo de sonho diurno parecido com a vida, mas afastado por completo dela.

PERGUNTAS QUE NÃO PODEM ESPERAR

Neste "admirável mundo novo" que é a atual sociedade do consumo, da fugacidade, do materialismo obsceno e voraz, nascem, são criadas, educadas e formadas as crianças e adolescentes de hoje. Os adultos responsáveis por elas (pais, educadores, políticos, formadores de opinião e outros) são protagonistas e reprodutores desse modelo social e cultural. Há pais e mães que atuam na política, que tomam decisões que influenciam os mercados e a economia, que ocupam espaços na educação e na saúde, que se dedicam aos esportes, que, através de suas atividades, transformam o meio ambiente físico. Não apenas exercem influência na relação pontual e específica com seus filhos (ou, se não são pais e mães, no vínculo com as crianças com as quais se relacionam), como o fazem durante todo o tempo de suas vidas no papel de atores sociais. E ninguém está livre de ser um ator social; simplesmente o é pelo mero fato de conviver em sociedade. Poderíamos fazer, então, as seguintes perguntas:

Como são, em relação a seus filhos, os pais e as mães que, no desempenho profissional, se dedicam a manipular mentes infantis para que consumam alimentos "porcarias", brinquedos supérfluos, guloseimas engordativas, programas de televisão mentalmente tóxicos e roupas que incentivam a discriminação?

Como são, em relação a seus filhos, esses homens e mulheres políticos, funcionários ou presidentes que jamais levam em conta a infância, que não lhe dedicam uma única preocupação ou pensamento, que só se valem das crianças para a foto eleitoreira na qual seguram, desajeitadamente, um bebê?

Como são, em relação a seus filhos, esses pais e essas mães que, no mundo dos negócios, seguem fielmente o lema de que vale tudo, de que não se deve fazer concessões, de que é necessário extrair das pessoas seu rendimento ou seu valor a qualquer preço e, uma vez exauridas, simplesmente jogá-las fora?

Como são, em relação a seus filhos, esses pais e essas mães que, no esporte (no papel de praticantes ou torcedores), acham que não se pode perder; que só vale ganhar, seja como for; que o resultado é a única coisa que importa; e que a derrota é humilhante?

Como são, em relação a seus filhos, esses pais e essas mães que não têm tempo para os vínculos humanos, para cultivá-los, para honrá-los, para explorá-los, para revisá-los, e que consideram como perda de tempo todo contato humano não produtivo em termos tangíveis?

Como são, em relação a seus filhos, esses pais e essas mães que atuam no campo da saúde física ou mental ou no da educação e que consideram essas atividades como oportunidades de lucro incessante e que jamais veem no paciente ou no aluno uma pessoa única, preciosa e exclusiva, um ser humano com necessidades específicas, que requer, antes de tudo, ser visto como tal?

Como são, em relação a seus filhos, esses pais e essas mães que, acima de tudo, usam como se fossem ferramentas o preconceito, a discriminação, a desqualificação, o menosprezo e a intolerância?

Como são, em relação a seus filhos, esses pais e essas mães que pagam ou recebem suborno, burlam a lei, sonegam impostos, atravessam os sinais vermelhos como se não existissem, transgridem alegre e irresponsavelmente os limites de velocidade, avançam impunemente pelo acostamento das estradas, jogam o lixo onde lhes é mais cômodo, furam as filas ou as evitam graças a um "amigo" ou uma "amiga" oportunos, reclamam direitos em voz alta e fogem dissimuladamente dos deveres?

Em todas as perguntas anteriores, onde se diz "pais" e "mães" pode-se ler também "adultos" e, onde se diz "filhos", "crianças" ou "adolescentes". Todos esses pais e mães, esses adultos, têm uma conduta com seus filhos, com as crianças e adolescentes, e outra, distinta, em suas atividades externas? Se assim for, eles têm consciência dessa dupla mensagem, dessa moral ambígua? Se não, é urgente que exercitem sua consciência antes que esta se atrofie de maneira irreversível. Se já tiverem esta noção, como exercitam sua responsabilidade, que resposta dão às consequências desta atitude? No plano pessoal, há uma refutação que considero inaceitável. É a que diz: "De alguma coisa devemos viver." A pergunta essencial que a existência nos apresenta, como diria Frankl, não é *de que* vamos viver e sim *como* vamos fazê-lo.

Diante desses temas, muitos pais, mães e adultos geralmente costumam dizer: "Não me resta outro remédio além de agir assim, mas é porque as circunstâncias (ou a sociedade) me obrigam. De qualquer maneira, não é isto que quero para meus filhos e sempre lhes aconselho fazer outra coisa." A desculpa parece insustentável sob qualquer ângulo por onde se olhe e é um perfeito exemplo de irresponsabilidade. Não é o que dizemos aos filhos, às crianças e aos jovens em geral o que irá guiá-los e lhes dará referências para encontrar caminhos em um mundo incerto e hostil, mas o que fazemos e *como* o fazemos.

Existe, por fim, outra opção, talvez a mais assustadora. É aquela encarnada pelos pais, mães e adultos que estão absolutamente convencidos de que seu comportamento (quando manipularam, desqualificaram, corromperam, apoiaram a imoralidade, a intolerância e a falta de ética que reinam na sociedade contemporânea) é válido e justificável. E o transmitem abertamente a seus filhos, às crianças, aos adolescentes, incentivando-os e autorizando-os a repeti-lo. Esses pais, essas mães, esses adultos existem, não são poucos, e influenciam, modelam.

NINGUÉM É FILHO DE CHOCADEIRA

A esta altura da discussão uma coisa é óbvia. Assim como os filhos não nascem de chocadeira, nem são atiradas por laboriosas cegonhas com espantosa pontaria nas chaminés das casas, tampouco os pais são fruto do pólen que o vento transporta de uma flor à outra. Os pais e os adultos formadores nascem de uma sociedade, constituem-se de acordo com os modelos hegemônicos da mesma, são amamentados por seus paradigmas, nutrem-se de sua moral e ética e, à medida que se desenvolvem e cumprem diversas funções, transformam-se em agentes divulgadores, transmissores e reprodutores desse modelo social.

Este ciclo não é, no entanto, imutável ou fatal. A sociedade não é um ente abstrato com existência *per se*. Não é algo que antecede as pessoas. Não há sociedade sem indivíduos, do mesmo modo que não se pode conceber um organismo sem células. Portanto, a relação entre ambos é estreita, pertinente e indivisível. Embora seja certo, de uma perspectiva construtivista, que cada sociedade molda cultural e ideologicamente os indivíduos que a integram, também é verdade que quando as mudanças produzidas nas atitudes desses, em suas ações e pensamentos, atingem uma massa crítica, acontecem transformações sociais.

Isso significa que as condutas de pais, mães e adultos formadores prevalecentes na sociedade contemporânea, essas condutas que acabam gerando orfandade emocional e espiritual nas crianças e adolescentes, podem ser transformadas. Pais, mães e adultos distraídos, que se dedicam a viver para trabalhar e a trabalhar para consumir, emocionalmente anestesiados e progressivamente exilados da espiritualidade (não necessária ou exclusivamente religiosa), não são pais, mães e adultos preparados para transmitir valores através do comportamento e para ampliar e aprofundar o campo emocional e as ferramentas espirituais com as quais seus filhos possam vir a construir vidas responsáveis. Estes adultos não têm tempo nem energia para entrar em contato intenso com seus descendentes e alunos, não têm tampouco tranquilidade e harmonia interior para isso. Apesar de seus bens e de sua aparência, são seres insatisfeitos.

"A praga da sociedade de consumo — e a grande preocupação dos comerciantes de bens de consumo — é que para consumir é preciso ter tempo (...) o bem consumido deve propiciar uma satisfação imediata sem requerer a aquisição prévia de habilidades nem um trabalho preparatório, mas a satisfação deve terminar *logo em seguida*, ou seja, assim que o tempo necessário para o consumo acabe. E este tempo deve ser reduzido ao mínimo indispensável." Isso é explicado, com implacável lucidez pelo sociólogo polonês Zygmunt Bauman, verdadeira Nêmesis da sociedade globalizada, em seu livro *Globalização: as consequências humanas*. O próprio Bauman cita Mark C. Taylor e Esa Saarinen, que assinalam: "O desejo não deseja satisfação. Pelo contrário, o desejo só deseja o desejo." Uma especialidade altamente valorizada na sociedade contemporânea é aquela voltada para a construção artificial e continuada de desejos, manipulando as consciências para que eles pareçam necessidades. Essa especialidade se chama mercadologia (ou marketing) e é capaz de parir gurus com mais velocidade que os coelhos. Gerar desejos, segundo a sintética e acertada definição de Taylor e Saarinen, é, basicamente, fabricar insatisfação.

E, como coelhos, o grande número de consumidores (que pode se desmembrar em subcategorias como "público", "gente", "massa", "audiência", "torcida", "eleitorado", "povo" etc.) desfila de bem em bem, de experiência em experiência, aumentando a profundidade de sua insatisfação e acelerando sua corrida atrás de um novo objeto de consumo que prometa alívio.

Há, nessas condições, tempo físico, psíquico e emocional para se conectar aos filhos, ouvir suas necessidades mais profundas, reconhecer a rica individualidade de suas vidas, orientá-los, estabelecer uma conexão empática com eles? Não. A relação central desta história (pais-filhos, adultos-crianças e jovens) fica intermediada e a cargo de outras instâncias: escola, babás, computador, internet, celular, televisão, cybercafés, jogos on-line, produtores e vendedores de álcool, narcotraficantes, empresários da indústria da noite, cafetões. Se levarmos em conta que o comportamento é o melhor meio para se transmitir valores e modelos, chegaremos à conclusão de que uma decisiva maioria de pais, mães e adultos insatisfeitos, alheios a qualquer pergunta sobre o sentido de suas próprias vidas e de como encontrar e honrar esse sentido, estão transmitindo às crianças o modelo da insatisfação, da aparência como identidade, do autismo espiritual, da negligência em relação ao próximo e aos fundamentos da existência humana. Como "dignos" produtos de uma sociedade, eles se transformam em propagadores dos fundamentos da mesma para que esta se reproduza através de seus filhos. É o perfeito círculo vicioso.

Já que consumir para manter aceso o nível de insatisfação e aumentar, por sua vez, o da angústia existencial é algo que requer tempo, a construção de um vínculo transcendente com os filhos também o requer (igual a qualquer vínculo humano que se pretenda sólido e significativo). Em sua fervorosa e compromissada *Lettera a un adolescente*, o médico, pediatra e educador italiano Vittorino Andreoli escreve: "Educar e criar significa viver juntos conhecendo perfeitamente as necessidades do outro e aproveitar qualquer oportunidade para ajudar e compartilhar. Nesta relação, o espaço e o tempo são sempre adequados, e não há lugares nem tempos inoportunos (...) Naturalmente, é necessário que a televisão não esteja perto da mesa e não se insinue, intrigante, entre os sofás em que queremos nos sentar para conversar, do contrário sua voz metálica e sua vacuidade colorida se imporão sobre a atmosfera da casa, sobre o estado de ânimo com que os problemas deverão ser abordados, e ninguém contará nada."

Pode-se observar, de diferentes pontos de vista, como o grave problema da orfandade emocional, afetiva e de *logos* existencial que as crianças e adolescentes contemporâneos sofrem (manifestada em fenômenos violentos, em vícios, em desconexão afetiva, em carência de propósitos e projetos transcendentes, em mortes gratuitas e crescentes, em depressão e suicídio, em patologias orgânicas precoces, em sérias desordens alimentares, em obesidade epidêmica, em disfunções vinculares) está muito longe de ser um fenômeno natural, algo alheio à responsabilidade dos adultos, um processo inerente "à idade" ou à peculiar forma de ser "das crianças de hoje".

Não há determinismo que possa explicar a sociedade dos filhos órfãos. Qualquer um deles, especialmente quando se trata de fenômenos humanos e sociais, é uma forma de desresponsabilização, de tirar o corpo fora, de olhar para o outro lado, de se fazer de desentendido. A sociedade dos filhos órfãos é o resultado de uma combinação de fatores e comportamentos perfeitamente explicáveis, é uma construção humana, tem responsáveis e requer destes condutas modificadoras, reparadoras. Alguns desses responsáveis têm com os órfãos um laço biológico, outros uma conexão social. Todos fazem parte da mesma sociedade. Orientam-se pelos seus paradigmas, e reproduzem e fortalecem esses paradigmas com suas escolhas, suas ações e suas condutas. Adotar em relação aos menores uma conduta responsável, sair da trincheira egoísta do consumo e da vaidade, reconhecer o vazio de uma existência materialista para trabalhar na construção de um sentido de vida pode ser uma maneira concreta de dar conteúdo à própria vida e, no processo, de reparar esta orfandade que não é produto do destino e, sim, de uma maneira de viver.

Para serem verdadeiros pais, os adultos que escolhem ou escolheram ter filhos devem começar já a deixar de serem filhos de uma sociedade egoísta, desumanizada, espiritualmente predadora. Começar a se encarregar dos filhos é, simultaneamente, começar a modificar a sociedade e garantir construtores de uma comunidade empática, criativa, solidária, humana. Os filhos órfãos têm pais. E fazem a esses pais, em silêncio, a cada dia, uma pergunta. Como ela será respondida?

Capítulo 4
Pais consumidos, filhos consumistas

Poucos dias antes do Dia dos Pais de 2006, os outdoors da cidade de Buenos Aires apareceram tomados por um cartaz em que se via uma espécie de super-herói patético (ombros estreitos, barriga grande, capa, máscara). Ao lado dele havia um reluzente computador com todos os acessórios. E uma criança, que, sentada de costas para o espectador, o observava. Na parte superior, o cartaz exibia o logotipo de uma rede de lojas de venda de discos e produtos eletrônicos. Na parte inferior, uma legenda: *Volte a contar com a admiração de seu filho.*

Imediatamente perguntei-me quando e por que aquele sujeito teria perdido a admiração do pequeno e quem teria sido o sinistro publicitário que idealizara a falácia de que o respeito, o carinho, o afeto e a admiração que um filho sente pelo pai são gerados a partir do que este compra. Como, além do mais, aquele ridículo "herói" usava máscara, tampouco importava se o filho sabia de quem se tratava; o importante era o computador, o brinquedo, o bem material, a isca eletrônica ou qualquer que seja o nome que damos a ela.

À vista de milhões de pessoas, aquela perversa propaganda era um claro testemunho do mercantilismo obsceno em que a sociedade de consumo mergulhou a relação entre pais e filhos. Poderíamos sintetizar assim: segundo o credo consumista, o carinho, a atenção e a admiração que os pais receberão de seus filhos será diretamente proporcional ao valor das coisas (tênis, viagens, artefatos, brinquedos) que eles lhes dão de presente ou (pior) que lhes comprem. Porque, nesse modelo de transação humana, aquelas coisas não são mais presentes, são obrigações de compra. Não é algo com que, necessariamente, os progenitores desejem ou escolham agraciar a seus filhos. Trata-se de algo que *devem* comprar para eles. Por quê? Por múltiplas razões, todas artificiais, mas muito enraizadas: porque assim serão considerados "bons" pais; porque dessa maneira mantêm seus filhos "tranquilos"; porque em troca podem negociar contrapartidas infantis em matéria de estudos, comportamento, silêncio ("Vou comprar, mas não conte tal coisa para mamãe ou para papai."); porque, se não fizerem sua vontade, seus filhos serão os únicos que não terão tal objeto ou que não exibirão aqueles tênis ou não irão àquele concerto, "coitadinhos"; porque está na televisão; ou porque pura e simplesmente os pais se converteram em zumbis da publicidade e do marketing.

Há, além das mencionadas, outra poderosa razão: a culpa. Uma majoritária legião de pais e mães são (como afirmei no capítulo anterior) atores protagonistas e múltiplos da sociedade de consumo, desenvolvendo-a, alimentando-a, reproduzindo-a. O já falecido filósofo orientalista Alan Watts fala disso com clareza irrebatível em seu livro *A sabedoria da insegurança*. Diz Watts que, desesperadas por obter certezas imediatas (coisa que jamais existiu na história da humanidade) e incapazes de uma ancoragem espiritual profunda, que requer trabalho, fé e tempo, as pessoas procuram a felicidade, cada vez com maior desespero, em alegrias passageiras. "Por mais que tentem ocultá-lo, na profundidade de suas mentes sabem que tais alegrias são incertas e breves." Isso não faz senão aumentar a ansiedade e uma sensação de ausência de sentido. "Em consequência, nosso tempo é uma era de frustração, ansiedade, agitação e adesão aos narcóticos", destaca Watts. "De alguma maneira, temos de nos agarrar ao que podemos, *da maneira que* podemos." Essa forma de se narcotizar é chamada, observa o filósofo, de "alto nível de vida, uma estimulação violenta e complexa dos sentidos que nos torna, progressivamente, menos sensíveis (...) Para manter este nível, a maioria de nós está disposta a suportar maneiras de viver que consistem principalmente na realização de trabalhos entediantes, mas que nos propiciam meios para procurar alívio do tédio em intervalos de prazer frenético e caro (...) Imaginamos que a justificativa desse trabalho é formar uma família que continue fazendo o mesmo, a fim de poder criar outra família... E assim *ad infinitum*".

Trabalhar para trabalhar para trabalhar

É assim, então, que uma majoritária legião de pais e mães está ocupada na reprodução do modelo. Tanto trabalho os priva do inevitável e prioritário tempo necessário para construir um vínculo de afeto, confiança, cooperação, intimidade, criatividade, transcendência. Em síntese, um vínculo de amor com seus filhos. De amor que não é simplesmente declarado, mas manifestado em atos. Trabalham para que não falte nada a seus filhos e, com isso, em um cruel paradoxo, terminam fazendo com que lhes falte o essencial: sua presença, sua atenção, seu acompanhamento, seu olhar, seu registro. Os pais e as mães não estão próximos, delegam a outros (pessoas, instituições, artefatos). Por que não estão próximos? Porque, conforme afirmam, não têm tempo. Por que não têm tempo? Porque trabalham. Dizem que o fazem para garantir o bem-estar de sua família, mas quando esta família sofre pela ausência daqueles que supostamente estão sustentando-a, a solução se transforma em problema. Ao levar a ausências, distrações, negligências de consequências dolorosas, não importa mais se trabalha-se para uma finalidade. Na verdade, o trabalho se transformou em um fim em si mesmo. Um fim que, do ponto de vista dos filhos, é devastador. Em um livro tão simples quanto profundo (*Paz vital, plenitud y placer de vivir*), a psicoterapeuta criadora e diretora do Instituto de Logoterapia e Psicologia Existencial da Alemanha, Elisabeth Lukas, observa: "O trabalho não deve ser nunca degradado ao ponto de se converter em um fim único (...), não pode constituir nunca o eixo central nem o único valor vital ao qual a pessoa se dedica cegamente."

Conscientes de que estão presos nessa rede, mas incapazes de sair dela, ou recusando-se a fazê-lo, muitos pais e mães sentem-se culpados por terem se transformado em grandes ausências emocionais, educacionais ou referenciais nas vidas de seus filhos. Alguns deles vivem essa culpa como uma redenção em si mesma. ("Não consigo fazer outra coisa, mas pelo menos me sinto culpado, o que demonstra que me preocupo com meus filhos.") Curioso sofisma, sem dúvida. Outros encontraram um álibi apoiado por certos terapeutas de crianças e adolescentes e por certos pediatras. Trata-se do tão dito tempo "de qualidade". Segundo este estratagema, não importa quanto tempo uma pessoa dedica a seus filhos, mas, como o nome indica, a qualidade desse tempo. Em geral, a famosa "qualidade" se reduz a empanturrar os filhos com tudo o que estes desejam e pedem, a eliminar todo o indício de limites, a não colocar ordem e referências nas vidas das crianças e a lhes comprar mais e mais coisas para que comprovem que, embora papai e mamãe sejam pouco presentes, se ausentem bastante, não tenham tempo para ouvir ou para compartilhar experiências profundas ou fundamentais, não resta dúvida de que "as amam muito".

A qualidade, em qualquer nível da vida, costuma ser o resultado de um processo, de um trabalho, de um compromisso, de uma evolução e de um aprendizado. A qualidade não nasce, ela se cria. E, como todos os processos, requer tempo. Caso contrário, produz-se apenas uma confusão entre aparência e substância. Como diz o velho ditado, nem tudo que reluz é ouro, e há muitos pais e mães que pretendem deslumbrar seus filhos com o brilho de suas dádivas culpadas.

Isto deve ser dito com todas as letras e palavras, por mais duras que sejam, porque não estamos falando de assuntos menores. Os menores são nossos filhos, os filhos da sociedade da qual fazemos parte, e essa minoridade é um assunto maior. Ela está órfã, atirada à própria sorte. A ausência essencial daquele que deveria ser a presença mais qualificada se traduz, quando isto não é entendido assim, em uma situação que Juliet B. Schor, economista, catedrática do Boston College, especialista em consumo e família, descreve desta maneira em seu livro *Nascidos para comprar*: "O alcance atual da imersão infantil na cultura do consumo não tem precedentes. No passado, o consumo era modesto quando comparado com outras atividades, como o trabalho, a brincadeira, a escola ou o envolvimento religioso. Agora, o ócio organizado substituiu uma socialização não estruturada e quase tudo o que as crianças fazem gira em torno de artigos de consumo. A capacidade e a influência de compra das crianças aumentaram exponencialmente, pois elas passam os dias comprando e vendo televisão."

Vorazes, lavados e passados

No caso da Argentina, a afirmação de Schor pode ser traduzida em números reveladores. Durante o quinquênio de 2001 a 2006, o consumo de televisão (quantidade de horas diárias diante do aparelho) entre crianças de 9 a 12 anos aumentou de quatro para cinco horas por dia, segundo um informe da central de mídias Ignis.* Isso significa, segundo aqueles que estudam o fenômeno, que uma criança recebe *mais de 20 mil impactos publicitários por ano*. Seu cérebro é martelado e lavado de maneira brutal na tentativa de convertê-la em um consumidor domesticado e descerebrado. "A TV suprime a imaginação das crianças, pois lhes fornece as coisas prontas", admite, no mesmo jornal que publicou o informe, a produtora de programas infantis Cris Morena. Para a doutora Mónica Oliver, integrante da Comissão de Saúde Mental da Sociedade Argentina de Pediatria, "as crianças estão sobrecarregadas de estímulos", que depois viram ansiedade, estresse e transtornos do sono. E, ainda no mesmo informe, o doutor José Sahovaler,

---

* Jornal *La Nación*, Buenos Aires, 27 de agosto de 2006.

secretário do setor de crianças e adolescentes da Associação Psicanalítica Argentina, lembra que essas cinco horas de televisão são cinco horas durante as quais as crianças não brincam e, portanto, não interagem, não exploram processos vitais para seu desenvolvimento evolutivo. "Quando uma criança vê cinco horas de televisão por dia sua mente se torna plana, porque não consegue processar tudo o que vê", conclui Sahovaler.

O que interessa aos anunciantes, aos gerentes de programação televisiva e a um exército de variados comerciantes não é que as crianças processem o que veem e, sim, que se transformem em consumidores compulsivos ou em poderosos agentes de venda diante desses adultos distraídos e culpados que são seus pais. Quando isso acontece (e acontece de maneira pavorosa) as contas fecham e missão cumprida. Apesar de todas as evidências, há estudiosos das ciências sociais que se associam consciente ou inconscientemente aos interesses daqueles que aplanam a mente infantil e propõem, em sua defesa, argumentos tão precários quanto perigosos. "As crianças, no momento de decodificar a TV, o fazem melhor que os adultos", afirma o sociólogo Luis Alberto Quevedo, responsável pela área de comunicação da Faculdade Latino-Americana de Ciências Sociais e contumaz advogado de defesa dos efeitos nocivos da televisão.

Tudo que muitos pais precisam é que alguém lhes diga que a televisão aguça a percepção audiovisual de seus filhos, que os informa de uma maneira inovadora e sutil, que os converte em "sábios decodificadores" (?) da realidade, para que possam respirar aliviados e voltar a abandoná-los nas mãos de uma babá eletrônica. Ali, as crianças se informarão em excesso acerca das últimas novidades em guloseimas, artefatos eletrônicos inúteis (mas inevitáveis), discos, filmes, tênis de marca, roupas de super-heróis, serviços de todo tipo, espetáculos diversos (muitos deles de qualidade nula e conteúdos equivocados), reluzentes catálogos de péssima qualidade e uma ampla oferta de coisas que seus pais deverão lhes comprar se quiserem conservar seu afeto, recuperar sua admiração, evitar que sejam discriminados por serem "os únicos" que não têm acesso a essas iscas ou, simplesmente, desejarem calá-los e afastá-los por um momento (até o próximo anúncio).

Em *Los aprendices del amor*, uma profunda e sábia análise das emoções, o médico e psicoterapeuta Norberto Levy, referência essencial no autoatendimento psicológico, descreve a voracidade como "fome intensa e desorganizada", e considera o deslocamento uma de suas causas: "Entre as múltiplas necessidades que posso sentir, existe certa conexão (...) e o mais provável é que tente preencher meus vazios pelos meios que melhor conheço. Se os múltiplos canais pelos quais me manifesto vão se fechando, o que ficar aberto será sobrecarregado, inevitavelmente. Nesse canal aberto serei voraz. E esse canal pode ser o da comida, do sexo, do poder, do dinheiro, do prestígio, do afeto, do conhecimento."

Alguns pais se queixam da voracidade consumista de seus filhos. ("A única coisa que sabe dizer é *compre, compre, compre*." Outros simplesmente se submetem a ela comprando, comprando e comprando. Em todo caso, vale a pena se perguntar, seguindo as ideias de Levy, quais são os canais de expressão de necessidades que foram fechados e quais são essas necessidades que, com a ajuda dos mencionados comerciantes, se deslocaram e aparecem disfarçadas de desejos incontidos e imediatos. Será talvez a necessidade de uma companhia materna ou paterna, operativa, consciente e criativa? Será a necessidade de comunicação nutritiva com os pais, uma comunicação de mão dupla, com base na atenção e presença? Será necessidade de tempo compartilhado? Será necessidade de orientação e referências? Será necessidade de se sentir percebidos, observados, ouvidos por pais empáticos, atenciosos e dedicados a suas funções? Será a necessidade de um amor que se manifeste em atos, em gestos, e não em meras declarações formais ou em um automatismo derivado do laço de sangue? ("Como poderia não amá-lo se é meu filho?") Há uma relação direta e estreita, entre voracidade (de qualquer tipo) e vazio. O enxame de crianças consumidoras da sociedade contemporânea é a prova da existência de um imenso vazio nas almas infantis. Uma orfandade, se não formal, certamente real.

Acossados

Os anunciantes e os especialistas em marketing fazem o que os pais deixam de fazer. Acompanham as crianças de perto, estudam seu comportamento, sua linguagem, tentam entender suas motivações. Não é que estejam preocupados com a infância ou a adolescência, naturalmente. Vão atrás de um mercado, o mais suculento e promissor que têm diante deles. Um cérebro lavado e condicionado na infância dá grandes frutos no presente e promete muito mais para o futuro. Os consumidores devem ser domesticados desde pequeninos, e para isso não se medem esforços nem investimentos. "Estamos assistindo a uma revolução sem precedentes nas pautas do consumo infantil. As empresas, as gerências de marketing e as agências de publicidade que não entenderem isso estarão perdidas", advertia Leandro Cabo Guillot, especialista em marketing tecnológico, no portal do Canal de Notícias 26, da Argentina, em 5 de junho de 2007. O mesmo site informava que o consumo infantil crescera 13% no último ano e a nota terminava com um parágrafo que não deixa dúvidas sobre a ausência paterna e materna que alicerça este fenômeno: "Assim, 71% das crianças argentinas decidem quais alimentos infantis serão comprados e quatro em cada dez também influenciam nos alimentos que seus pais comprarão para toda a família."

A partir de que critérios os filhos órfãos de guias, de referências e de limites consomem? A partir daqueles indicados pelos anunciantes da televisão e da internet, os dois grandes portos nos quais desembarcam os manipuladores do cérebro infantil. Basta ver os anúncios que são disparados na direção de suas mentes para constatar qual é a realidade que prometem aos pequenos consumidores vorazes. Uma realidade em que todos têm o que querem, todos são felizes, todos sorriem, nada é impossível em matéria de compras e a oferta não cessa de se renovar o tempo todo. Naturalmente, nada muito diferente dos anúncios que vendem automóveis, casas, seguros de vida, aparelhos de ginástica portáteis, desodorantes, álcool e outras coisas aos adultos (seus pais). Nada diferentes, embora, sim, mais descarados, estes anúncios atacam diretamente a jugular infantil. "Em uma análise estatística que dirigi, descobri que assistir à televisão por muito tempo leva a uma despesa maior e a uma poupança menor, certamente porque ela é usada para estimular os desejos de consumo", afirma Juliet B. Schor em seu livro.

Nesse mesmo livro, a autora publica um testemunho cru e lapidar: o de Amanda Carlson, uma reconhecida especialista em marketing infantil de Nova York, que durante anos se dedicou ao ramo da alimentação. "Há, no mercado, alguns produtos claramente ofensivos e asquerosos, e eles me ofendem porque se trata, simplesmente, de pura e genuína merda que não esconde sua natureza. Mas nós nos dedicamos a vender e se trata de ganhar dinheiro, e sem dúvida existe um mercado para todas essas coisas." Pouco depois de ser entrevistada por Schor, Carlson abandonou o ramo da alimentação e o mercado infantil. Um gesto de responsabilidade incomum, que nem remotamente se insinua nos horizontes éticos da maioria de seus colegas de lá e daqui. Pelo contrário, os defensores da televisão, os anunciantes e os publicitários se escudam em uma desculpa cínica e universal, segundo a qual a culpa é de quem liga a televisão. Basta desligá-la para evitar tudo isto, dizem, com hipocrisia. Como qualquer sofisma, soa lógico. Mas atenta contra o valor da responsabilidade. O conteúdo dos anúncios destinados a captar consumidores infantis é psíquica e moralmente venenoso. Quem serve a seus convidados veneno disfarçado de delicioso manjar não pode culpá-los por morrer intoxicados e não pode apelar ao argumento de que a culpa é deles porque comeram. E não se trata apenas dos anúncios. O que estes vendem é, na preocupante maioria dos casos, desnecessário. E isso para dizer o mínimo. O máximo foi dito por Amanda Carlson.

Ainda assim, outros "especialistas" espalham argumentos do tipo "as crianças estão preparadas, entendem tudo, sabem decodificar". Pululam estudos complacentes nos quais certos mágicos das ciências da comunicação pretendem demonstrar que a mente das crianças de hoje não é facilmente manipulável. Guardando a devida distância, isso me lembra aqueles homens convencidos de que as mulheres encontram prazer na violação. Para desmentir estes perigosos argumentos,

Schor cita uma recente experiência na qual foi exibido a crianças de 9 a 10 anos um filme que lhes explicava, de maneira atraente e compatível com sua idade, os perigos da publicidade e do consumo desmedido, e as alertava de como os meios manipulam para incitar a comprar. Depois, foi exibida à mesma plateia uma rodada de anúncios, e as crianças reagiram exatamente da mesma maneira como tinham feito antes do filme: suas ideias sobre os anúncios e o ato de consumir não haviam mudado. E, à medida que crescem em idade e em autonomia, os hábitos consumistas se acentuam. Uma pesquisa com 3 mil adolescentes catalães de 12 a 16 anos, publicada pelo jornal *La Vanguardia*, de Barcelona, em março de 2007, informava que a atividade a que mais tempo se dedicam é a de ir às compras, seguida de usar o telefone celular, conectar a internet ou ouvir música. Todas essas atividades envolvem o fato de consumir, nenhuma requer o uso de criatividade e recursos próprios, de imaginação, de inquietações culturais ou (ainda menos) espirituais. Cada vez menos, as crianças e os adolescentes são capazes de criar mundos próprios a partir do que existe a seu redor, sem necessidade de comprar.

VELOZES PARA NADA

Quando comunicadores, sociólogos e até docentes começam a dizer que as crianças contemporâneas têm mais habilidades, que são mais "rápidas", talvez estejam dizendo apenas isso: que são mais rápidas. Na era da fugacidade, da procura extrema de resultados, parece que a velocidade é um valor *per se*. Atingidas por descargas audiovisuais de toda sorte, as crianças identificam rapidamente logotipos, modelos de automóveis, de celulares, de computadores, de tênis, de hambúrgueres, manipulam velozmente teclados e consoles. São guiadas para isso por autopistas previamente delineadas e programadas; dificilmente essa admirada e divulgada velocidade se transforma em criatividade. Não transformam através da imaginação uma coisa em outra, não criam mundos próprios com elementos mínimos, entram em universos pré-desenhados e impregnados de efeitos especiais. São filhos de adultos que também cultuam a velocidade, que correm pela vida com relógio e sem bússola, desesperados porque o tempo lhes escapa, embora não tenham uma clara noção de qual será o sentido que darão à vida através do tempo.

Como os adultos que os precedem, as crianças e adolescentes contemporâneos parecem se converter, finalmente, em consumidores consumidos pela própria voracidade. Perdem progressivamente a capacidade humana de criar universos a partir de si, de brincar com sombras na parede, com manchas de umidade, com texturas, com cortiças, com linhas do horizonte, com habilidades ocultas que descobrem brincando. Não transformam, não imaginam — engolem. Seus pais são incitados a instalar telas de DVD nos carros para que as crianças já nem sequer olhem a paisagem, nem descubram espaços, nem contem árvores, nem descrevam montanhas, nem perguntem por animais ou plantações. Tudo isso é muito irritante no mundo dos adultos sem comunicação ou tempo e no das crianças órfãs. Viajar (viver) não tem sentido, a única coisa importante é chegar (ter, engolir). O "divertido" é consumir, consumir até quando se viaja. As crianças consomem telas também no automóvel, nesse momento de convergência familiar, e assim não perturbam. O slogan paterno parecer ser: "Consumam em silêncio e sem incomodar." E, para isso, eles têm um exército de mercenários e comerciantes que lhes provêm o material em troca de seu dinheiro e de seu cartão de crédito.

Mais inteligentes, menos capacitados

A Fundação Hedge é uma organização sem fins lucrativos que reúne muitos dos mais respeitados intelectuais contemporâneos de diferentes áreas para pensar, refletir e aprofundar questões artísticas, filosóficas, literárias e sociais. Em seu site na internet, a instituição fez a seguinte pergunta para vários desses intelectuais: "Em que você acredita, mas não pode provar?" A resposta de Daniel Goleman (mentor da inteligência emocional) é muito significativa: "Acredito, mas não se pode provar, que as crianças de hoje são vítimas involuntárias do progresso econômico e tecnológico. A tecnologia avançada, em qualidade e quantidade, possibilita a todos nós viver melhor de muitas maneiras. Contudo, apesar desta realidade, parece ter havido alguns resultados desastrosos na maneira como a infância está se transformando. Inclusive, enquanto os resultados dos testes de QI das crianças estão em constante crescimento, durante as três últimas décadas houve uma queda importante nos índices que avaliam as habilidades sociais e emocionais mais básicas delas."* Goleman cita uma longa lista de estudos realizados a partir de 1970 que demonstram a consistência de sua hipótese. Paradoxalmente, o improvável pode ser provado. Qualquer observador atento e preocupado chegaria às mesmas conclusões. O problema de chegar a elas é que, depois, não se pode mais permanecer no limbo; será necessário agir, assumir de maneira proativa o compromisso de se responsabilizar (a partir da família, da educação, do governo, dos meios de comunicação) pelas crianças. E como em qualquer processo de transformação real e profunda, o mais prático seria começar pelas crianças próximas, tangíveis, aquelas com as quais temos um vínculo, testemunhamos sua vida cotidiana. Não sendo assim, o amor e a preocupação em relação a elas será,

---

* www.edge.org

mais uma vez, uma bela história, uma declaração de princípios desprovida de valores, uma máscara de adultos ocupados com eles mesmos.

Dediquei este capítulo para chamar a atenção para o fato de que o ataque consumista a que crianças e adolescentes de hoje são submetidos não é uma questão desimportante, ligeira, de segunda ordem. Quem acreditar nisso estará deixando os menores nas mãos de gente muito perigosa, desprovida de escrúpulos, alheia a toda ética. São enganadores, emitem cantos de sereia, envolvem em nuvens hipnóticas, prometem falsa felicidade. A maioria dos integrantes de uma geração de adultos (os adultos de hoje) está sob os efeitos deste fenômeno. E multiplicam-se as desculpas paternas e maternas para justificar o que é, de forma patente, orfandade. Alguns dizem que já sofreram muito (porque tiveram pais autoritários, infâncias economicamente difíceis, ou porque viveram épocas politicamente sombrias, sob ditaduras ou governos sinistros) e, portanto, não querem fazer seus filhos sofrerem privações e limitações (o famoso "quero lhes dar tudo o que não tive"). Outros nasceram em condições mais favoráveis e nunca procuraram por algo que esteja mais além da própria satisfação e do próprio prazer (não têm tempo, sentem que seus filhos são um empecilho a sua necessidade de "ter vida própria"). Outros, enfim, sustentam que trabalham muito e não estão em condições de "lidar" com os filhos, de maneira que substituem suas responsabilidades por um "sim" fácil.

Sugiro que examinemos ao longo de alguns parágrafos estes argumentos. No primeiro caso, a rigidez e o autoritarismo com os quais sofremos como filhos não podem ser remediados suprimindo limites, referências e orientações quando nos tornamos pais. Longe de ensinar aos nossos filhos o que é a liberdade, os deixamos desarmados, desprovidos de instrumentos e sem a menor ideia do que ela significa. A liberdade, vou repetir, não remete à ausência de obstáculos. Pelo contrário. É quando surge o obstáculo, o limite ou, como observava Viktor Frankl, o condicionante, que a liberdade se manifesta, se exerce e se consolida. É nesse momento que será necessário escolher. Não se pode tudo, não se pode sempre, as coisas não são feitas obedecendo meu desejo ou minha urgência. Então, o que farei? Devo escolher — e, ao escolher, serei livre. E, sobretudo, aprenderei a ser responsável. Os pais que acreditam que tornam seus filhos livres quando tiram os obstáculos de seu caminho só os preparam para dolorosas confusões que a vida se encarregará de esclarecer (ou não) a preços altos. Se pelo fato de meus pais terem sido autoritários eu deixar meus filhos sem referências, acontecerá o curioso e indesejado paradoxo de que serão meus pais (sem sabê-lo e sem se propor a isso, talvez já ausentes) que determinarão a criação de meus filhos. Estaria imobilizado no círculo vicioso que pretendia romper, autoeliminado-me da criação de meus filhos. Má notícia, não é mesmo?

No segundo caso, não serei muito prolixo. Quase todo este capítulo redunda em argumentos sobre a falácia do consumismo como caminho para o bem-estar ou a satisfação que produz nas mentes e nos espíritos. O hedonismo contemporâneo tem uma dimensão equivalente à do vazio existencial daqueles que o praticam impunemente, esquecendo a presença do Outro, mesmo quando o Outro é o próprio filho. Há pessoas que gastam mais horas cuidando de seus automóveis, respondendo e-mails, falando no celular (estima-se que a média de uso é de duas horas e meia por dia) ou batendo papo na internet do que compartilhando tempo com seus filhos, perguntando como estão, se inteirando das circunstâncias e emoções de suas vidas e participando delas. Esses filhos parecem um objeto a mais na vida de quem está empanturrado de satisfações materiais. Não há desculpa para esta atitude.

Por último, o trabalho como justificativa para a delegação da criação a terceiros, a "educadores" impessoais (como a TV, a internet etc.), às escolas ou às próprias crianças é uma justificativa pobre, a tal ponto que os pais e as mães que a utilizam costumam encabeçar a lista dos mais culpados. Sobre este ponto sugiro que releiam as palavras já citadas de Alan Watts ou a reparar nas seguintes, de autoria do professor Horacio Sanguinetti, reitor durante 23 anos do Colégio Nacional de Buenos Aires e presidente da Academia Argentina de Educação: "Pai e mãe trabalham, mas isso não significa que devam abandonar os filhos, e eu posso assegurar que em muitos casos os abandonam. Então, quando os adultos não encontram tempo para estar com eles, sobrevém a culpa e a superproteção."* A superproteção, deixemos registrado, tem menos a ver com o amor que invoca do que com uma questão não resolvida de quem a exerce.

Os pais são, em síntese, a primeira fonte de educação, sobretudo afetiva, emocional, espiritual e de valores. São a referência mais próxima. São a primeira barreira, a mais importante, quando se trata de resgatar os filhos das goelas das aves carniceiras (vistas na televisão, na internet, no anúncio manipulador, na produção e venda do objeto desnecessário, no ensino de uma competitividade nociva e baseada na aquisição de bens, no vício disfarçado de comida ligeira, no açúcar vazio de nutrientes, na incitação traiçoeira ao consumo de álcool com sabor de "encontro"). Para o urgente resgate de seus filhos ser eficaz, eles precisam primeiro resgatar a si mesmos dessas garras. Os filhos bem que merecem a intenção. E para realizá-la é preciso começar pela presença de pais, mães e adultos nos quatros níveis essenciais do ser: físico, psíquico, emocional e espiritual. É disso que se trata a paternidade e maternidade. Quando as esquecemos, propiciamos a orfandade que hoje tinge o cenário social.

---

* Entrevista a Carmen María Ramos, jornal *La Nación*, Buenos Aires, 11 de junho de 2007.

Capítulo 5
Os filhos, espelhos que fitam seus pais

"Juventude, divino tesouro", reza um velho ditado que costuma ser repetido em tom nostálgico. Talvez esta não seja uma frase que os adolescentes de hoje invocarão massivamente quando forem adultos. Um levantamento feito em 2005 pelo Ministério da Saúde e Meio Ambiente da Argentina indica que, no país, morre diariamente, de maneira trágica, um jovem de 15 a 19 anos. Em 12 meses, de acordo com o informe, 832 jovens dessa faixa etária foram assassinados (isso significa 30% dos homicídios registrados no país) e outros 353 faleceram por motivos violentos: acidentes, manipulação de armas de fogo, brigas e tragédias automobilísticas. A respeito dos conflitos, diz um comissário da Polícia Federal Argentina, um homem especializado em violência juvenil: "As gangues de adolescentes são formadas a partir dos grupos a que pertencem: por exemplo, um colégio, um clube de bairro ou um ponto de encontro, como uma praça ou uma rua. Esses grupos não são formados para cometer delitos, mas para se divertir e desafiar outros grupos a decidir na pancada quem é o melhor."* Quanto aos acidentes de carro, vem ao caso um trabalho da Academia de Pediatria dos Estados Unidos, segundo a qual a principal causa de morte entre jovens de 16 a 20 anos era esta. Entre as razões para isso é citado o fato de que os adolescentes não usam cinto de segurança, dirigem depois de consumir altas doses de álcool, fazem manobras arriscadas no afã de competir e carecem de competência ao volante.

Uma série de estudos realizados na Espanha revela outros aspectos do mundo adolescente: 22% dos alunos do ensino médio reconhecem que foram agredidos alguma vez e 30% admitem ter agredido."** Sobre o tema, o Departamento de Psicologia e Assistência Social Escolar da província de Buenos Aires fez, em 2006, um estudo envolvendo os 4,5 milhões de alunos que frequentam as 16 mil escolas dessa província. Alguns dados: em um ano, aconteceram 14.199 agressões físicas, 28.129 insultos e humilhações e 9.668 episódios violentos (brigas entre grupos rivais). Por sua vez, o Instituto Gino Germani da Faculdade de Ciências Sociais da Universidade de Buenos Aires efetuou um estudo entre 4.971 alunos de escolas secundárias de todo o país, segundo o qual 52% deles foram vítimas ou protago-

---

* Jornal *La Nación*, Buenos Aires, 16 de abril de 2006, em entrevista aos repórteres Gustavo Carabajal e Hernán Capiello.
** Jornal *El País*, Madri, 26 de novembro de 2006.

nistas de atos de hostilidade (insultos, maus-tratos, zombaria) na sala de aula ao longo do ano. E 17% desses jovens admitiram ter iniciado uma briga com agressão física. Dan Adszko (corresponsável pela pesquisa, ao lado de Lía Kornblit) diz: "Não são grupos excludentes. Em certos momentos, alguns são vítimas, mas os mesmos são agressores em outros momentos. É um cenário generalizado de relações violentas."*

A violência surge como um ingrediente inevitável do processo de crescimento no mundo de hoje. Não se trata de uma tempestade com céu claro. Não é um fenômeno espontâneo. Em sua origem se detectam álcool, drogas e outros detonadores que costumam ser ignorados e que, no entanto, criam o caldo catalisador necessário. Esse caldo é temperado pela negligência, deserção e abdicação de responsabilidade por parte dos adultos. Estes (pais, funcionários, grande número de palpiteiros de várias especialidades e até certos docentes messiânicos que, às vezes, se unem aos conflitos entre escolas, como aconteceu, em 2007, no Colégio Carlos Pellegrini, de Buenos Aires) costumam se horrorizar diante da violência, do consumo de drogas e do alcoolismo juvenil, como se tudo fosse causado por um demônio que, de uma hora para outra, se apoderasse das almas adolescentes ou como se as crianças estivessem sendo guiadas por um indomável gene da maldade.

---

* Jornal *La Nación*, Buenos Aires, 28 de julho de 2007, reportagem de Cecilia Draghi.

Não existe tal gene. Existem responsabilidades adultas que se evadem vergonhosa e dolorosamente. Com medo de exercer suas funções de maneira plena e ativa, a enorme maioria de pais (com a cumplicidade consciente de outros adultos envolvidos em atividades vinculadas à infância e à adolescência) criou uma zona livre na qual os narcotraficantes, os produtores, vendedores e anunciantes de álcool, os manipuladores de mentes infantis e adolescentes, os líderes de diferentes *turmas da pesada* (esportivas, institucionais, comunitárias, escolares e colegiais, delinquentes, políticas) colhem seus frutos à vontade, traçando o dramático panorama em que crescem os filhos órfãos desta sociedade.

PRESENÇAS EXCESSIVAS, AUSÊNCIAS NOTÁVEIS

Uns poucos exemplos bastam. Os pais que invadem colégios e impedem a entrada de reitores ou diretores ou desacreditam e agridem docentes não estão apenas eliminando da educação de seus filhos qualquer vestígio do que representam as normas, os procedimentos, o esforço, o dissenso e a aceitação. Eles também perdem sua própria autoridade ao equipararem-se a seus filhos ocupando o lugar do adolescente rebelde (etapa natural e necessária ao processo de crescimento de um adolescente, mas anômala no comportamento adulto). Estes mesmos pais jamais apelam a um piquete semelhante ou a uma reação contundente contra os traficantes de drogas ou o livre comércio de entorpecentes que acontece todo dia (com seus filhos no papel de consumidores) nas portas desses mesmos colégios que invadem. Toda a súbita sabedoria em questões docentes que os acomete na hora de integrar grupos antiescolares para questionar planos de ensino e autoridades, converte-se em completa passividade, desinformação e ignorância quando se trata de saber de outras coisas que também acontecem no mundo de seus filhos e que traçam o cenário em que estes crescem. Onde e como são vendidas as drogas consumidas pelas crianças é algo que (sobretudo) as autoridades policiais, as educacionais e as governamentais (que confessam, com assombroso conhecimento, o assunto em conversas privadas, mas o negam sistematicamente em público) conhecem à perfeição; e também o sabem os pais que procuram investigá-lo. A inação perfeitamente combinada de todos eles deixa os filhos desta sociedade órfãos.

Contudo, oito em cada dez pais (como indicam os resultados de uma pesquisa que a Fundação Manantiales, de Buenos Aires, fez entre progenitores e levou a público em fevereiro de 2007) esperam que a escola se ocupe de evitar a entrada de drogas nos lares. Setenta e três por cento dos pais dizem não dispor de argumentos para conversar com seus filhos sobre as drogas, e 86% alegam ignorar os sinais que indicam que alguém as consome. A esta altura do século XXI, ser pai e proferir estas desculpas inconsistentes (de que outra maneira chamá-las?) é um exemplo supremo de negligência, quando não diretamente de irresponsabilidade. Pode-se dirigir um carro ignorando as regras de trânsito e os passos essenciais necessários à condução de um automóvel? Em princípio, não (embora baste sair às ruas para duvidar). Pelo menos, há impedimentos legais. No entanto, é perfeitamente possível (provas em profusão) ocupar o papel paterno ou materno e se declarar ignorante em relação a uma informação essencial, e abrir mão de uma responsabilidade prioritária.

Os fabricantes de álcool abordam com obsceno descaramento o mercado adolescente (que já inclui também os pré-adolescentes). Martelam a cabeça deles com seus anúncios, concursos e promoções. Organizamos sua festa, levamos o barril, administramos tudo, a única coisa que lhe caberá será consumir, se "entupir" de ótima cerveja, saborear o encontro com seus amigos. Um encontro que os próprios jovens não recordam no dia seguinte, depois de terem ficado descompostos e perdido a consciência, completamente alcoolizados. Estas festinhas não acontecem apenas em discotecas que desrespeitam todas as disposições sobre a venda de álcool a menores ou a admissão de sua presença depois de certa hora. Multiplicam-se cada vez mais em residências, tomadas de assalto por crianças enquanto os adultos fazem aquilo em que se especializaram: olhar para o outro lado, desaparecer, ignorar, declarar-se incapacitado para fixar regras e limites. Se não beberam o suficiente, as crianças podem continuar bebendo depois nos postos de gasolina. Ali o álcool está a seu alcance, como também acontece nas estradas, para os que mais tarde se tornarão assassinos ao volante, personagens onipresentes nas estradas e ruas de um país que enterra mais de 7 mil mortos em tragédias automobilísticas a cada ano. Em último caso, podem continuar com a bebedeira sem fim (ou iniciá-la) nos quiosques e lojas de conveniência que, rindo às gargalhadas das proibições, enviam-lhes bebida a domicílio ou, disfarçadamente, vendem-nas para que as bebam deitados na beira das calçadas, nos umbrais nos edifícios, nos bancos e canteiros das praças. Isto não acontece apenas à noite. É uma cena urbana cotidiana a qualquer hora do dia, inclusive na porta dos colégios.

Não sem certa euforia, a Câmara Argentina de Destiladores de Bebidas anunciou, no começo de 2007, que o consumo anual de bebidas fortes subiu de 58,6 a 61,8 milhões entre 2002 e 2006. É claro que nem toda essa quantidade foi consumida por jovens. É a sociedade em conjunto que aumenta progressivamente seu alcoolismo (sempre com uma ampla permissão coletiva). Os filhos órfãos e alcoólatras não nascem, repito, de chocadeiras ou são trazidos por cegonhas de Paris. Vivem entre adultos que bebem. As crianças não nascem com sede por álcool. Em uma pesquisa que o Observatório da Secretaria de Atenção aos Vícios da Província de Buenos Aires realizou entre 1.831 estudantes de 16 a 22 anos, 54% admitiram que, para uma reunião, compram 2 litros de cerveja e meio litro de vodca por pessoa. E 31%

informaram que se iniciaram entre os 14 e 15 anos no consumo frequente de álcool. Ou seja, começaram a beber quando viviam com seus pais, quando ainda eram incapazes de sustentar a si mesmos, quando mal haviam deixado para trás a puberdade, quando a capacidade para consumir álcool era ainda uma incapacidade patente em muitos outros aspectos da vida. Se há algo que os pais não poderão alegar é que, na idade em que se iniciam no álcool, seus filhos estão territorial, física e visualmente fora de seu alcance.

E se ainda restasse alguma dúvida a respeito, um estudo da Secretaria de Programação para a Prevenção do Vício em Drogas e a luta contra o Narcotráfico da Nação (Sedronar) feito em 2005 revela que 38,7% dos jovens argentinos entre 12 e 15 anos bebem álcool (são 641.061 adolescentes) e desses, 22% abusam da substância. Interrogados, a maioria deles afirmou que "o melhor lugar para beber" é a própria casa. A responsável pelo trabalho, Cecilia Arizaga, comentou: "Existe a figura do pai cúmplice, com participação ativa, que inclusive compra as bebidas alcoólicas para as reuniões dos filhos. Quando vemos pais adotando essa atitude, percebemos que se trata de uma estratégia que eles desenvolveram para se aproximar dos filhos; trata-se de um modelo cultural que leva os pais a procurar se sentir jovens também."*

Repito: pais, funcionários e autoridades sabem como circula o álcool, sabem em que quiosques ele é vendido

---

* Jornal *La Nación*, Buenos Aires, 13 de setembro de 2005, reportagem de Daniel Gallo.

(apesar das proibições) e sabem como se consegue com toda facilidade em domicílio (o *delivery* de álcool e o das drogas não são mistérios para ninguém), e também sabem como são violadas todas as poucas e débeis normas que regem sua venda, especialmente no caso dos adolescentes. Novamente, se associam no silêncio e na inação. E, chovendo no molhado, surge alguma grande empresa produtora de álcool oferecendo um site na internet e algumas conversas de "profissionais da saúde" para orientar os pais sobre o problema. Assim, com a cumplicidade destes trabalhadores, a raposa diz ao granjeiro como cuidar das galinhas que ela mesma devorará daqui a pouco. E como estes profissionais são adultos e, é de se supor, responsáveis, tanto faz se a cumplicidade é consciente ou inconsciente, posto que isto não modifica em nada os efeitos perniciosos da mesma. É neste contexto que são criados os filhos órfãos de uma sociedade órfã de ética e moral.

Berços violentos

"Eu me perguntaria o que está acontecendo na sociedade argentina para que os jovens estejam tendo acesso a armas, sejam elas registradas ou não. Se são registradas, é um problema muito sério; se não são registradas, a pergunta é muito forte. Olhar os casos de maneira isolada é mais fácil. De outro modo, você se obriga a se perguntar coisas muito incômodas." Quem convida a estas perguntas incômodas, e necessárias, é a doutora mexicana em ciências sociais Rosa Regullo Cruz em uma publicação eletrônica do Ministério da Educação da Argentina.*

Ela tenta responder com as palavras da socióloga Maristella Svampa em uma coluna da revista *Veintitrés* sobre a violência juvenil. Svampa recorda que um colégio particular de grande prestígio lhe pediu assessoria devido a situações de descontrole e desobediência à autoridade. "O aumento dos conflitos entre estudantes e o nível de agressividade manifestado é explosivo. Os próprios responsáveis afirmam que um dos traços comportamentais mais relevantes é o grau de impunidade com que agem os meninos das classes altas: sentem que podem fazer qualquer coisa e que, no final, com dinheiro — ou através da influência de seus pais — tudo pode ser resolvido."** Sem distinção de classes, é possível dizer que instalaram-se a desautorização da escola por parte dos pais e a sensação de que os serviços do colégio também cobrem a criação, a administração do tempo livre e a recreação dos filhos — e isso em um país em que, apesar dos belos e eleitoreiros discursos de ministros da educação mais ou menos "progressistas", a educação pública entrou em colapso e a educação em geral está privatizada. Essa atitude paterna é geradora de violência juvenil, porque acaba com os leitos de orientação e contenção. A escola foi trans-

---

* *El Monitor*, Nº 6, www.me.gov.ar/monitor/nro6/juv_y_viole.htm
** Revista *Veintitrés*, Buenos Aires, 20 de abril de 2006.

formada em babá; as crianças, por sua vez, percebem a piscadela paterna que as autoriza a gritar quando se sentirem "exigidas" ou limitadas. Estes dois fatos formam um coquetel de alta periculosidade. Uma granada sem espoleta que, na publicação citada, um adolescente cujo nome fica preservado descreve assim: "Não sei se é divertido brigar, eu sei lá, sim e não. Às vezes, dói. E, às vezes, dá medo, porque os outros são mais numerosos e não se sabe o que podem fazer a você." É assim: quando os adultos desertam, as crianças ficam a mercê da violência que sabem como começar, mas não como frear.

Outra resposta à pergunta da doutora Regullo Cruz poderia indicar que, na sociedade argentina (que é apenas uma amostra do mundo globalizado), a crescente falta de sentido para a própria vida, o esquecimento da finalidade transcendental da mesma, a epidêmica extensão da angústia existencial geraram, como costuma acontecer nestes casos, um progressivo desconhecimento do outro, do semelhante, do próximo como condição necessária para a própria identidade, para a própria existência e para a sobrevivência da espécie. Há um patente desespero por ter, por acumular, por abarcar, por possuir, assentado na falsa crença de que quanto mais se *tem* mais se *é*. Este caminho, na realidade, se acaba em uma inquietação paradoxal: quanto mais se tem, maior é a insatisfação, porque nem os telefones celulares, nem os computadores, nem as televisões de plasma, nem os veículos 4x4 (usados essencialmente para ir ao banco, ao shopping, ao supermercado ou levar as crianças à escola), nem as repetidas excursões consumistas aos centros comerciais próximos ou distantes fornecem um significado à existência. Tampouco fornecem felicidade, posto que esta é o resultado de uma maneira de viver, de uma atitude existencial, e não um fim em si mesma. De maneira que resta o prazer, sempre efêmero, sempre pouco prazeroso quando é tomado como objetivo excludente. O produto desta maneira de viver é o mal-estar, a sensação de que o outro é um estorvo (ou, em suma, é considerado como um meio para um fim). Não merece consideração, respeito, empatia, aceitação ou compreensão. Incomoda. Isto se vê na vida cotidiana: más respostas, maus modos, o insulto como forma de comunicação constante, agressões, desqualificações, suspeita, temor.

E, finalmente, armas.

Na Argentina, "há uma arma para cada 10 ou 12 habitantes. O cálculo é que existem 2.250.000 armas: 1.150.000 registradas legalmente e 1.100.000 ilegais", segundo os confiáveis cálculos do advogado Darío Kosovsky, integrante da Rede Argentina de Desarmamento.* Embora menor do que os números dos Estados Unidos (quase uma arma por habitante, uma verdadeira sociedade com licença para matar), Canadá, Suíça, Suécia ou Espanha (embora não pareça, também todos com alta quantidade de armas por habitante),

---

* Jornal *Página 12*, Buenos Aires, 17 de abril de 2007.

a proporção argentina é crescente. Nesse contexto de vazio espiritual e com estas estatísticas, com a modalidade de vínculos sociais em que são criados e da qual são testemunhas, quando não diretamente vítimas, de fato é possível se surpreender que haja mais e mais manifestações de violência entre crianças e adolescentes? Voltaremos a acreditar que nascem de chocadeiras, que os trazem as cegonhas de Paris, que são anomalias, que não parecem "nossos filhos"? Voltaremos a fingir que não sabemos o que aconteceu? Repetiremos pela enésima vez que não entendemos como se chegou a isto? Esquartejaremos de novo Junior, o adolescente que, em 2004, em Carmen de Patagones, província de Buenos Aires, puxou uma pistola na sala de aula e matou vários de seus colegas e feriu outros? Insistiremos que ele é um sapo de outra lagoa, alheio a esta sociedade, uma falha injusta que sofremos como comunidade? Ou seremos capazes de ler a frase que esse menino silencioso e sombrio havia talhado na madeira de sua carteira muitas semanas antes do massacre? Junior escrevera com um canivete e com sua própria letra: *Quem encontrar o sentido da vida, que o escreva aqui, por favor.*

JOGANDO A BOLA FORA

A pior atitude diante da dramática realidade da toxicomania, do alcoolismo e da violência infantojuvenis é reagir com violência, atribuindo toda a culpa aos traficantes, aos vendedores, aos produtores, aos anunciantes, aos produtores da televisão violenta e imoral e às autoridades (quando não, no cúmulo da displicência, também à escola). De todas as responsabilidades que diariamente se evadem, se ocultam, se ignoram ou se esquecem em nossa sociedade, esta é uma das mais trágicas. Há uma responsabilidade dos pais, há uma responsabilidade dos adultos envolvidos. Responsabilidade significa capacidade de responder, faculdade de assumir as consequências dos próprios atos, decisões e opções. Trazer um filho à vida (ou adotá-lo) tem consequências, requer presença, cuidado, orientação, referência, instrumentação, educação, transmissão de valores.

Estar presente não significa fechar aos filhos os leitos da experiência. A presença e a responsabilidade dos pais não evitarão que os filhos bebam, ou que experimentem drogas, ou que participem de algumas brigas. Crescer, como viver, é uma atividade arriscada. Muitas vezes, para se proteger de certos riscos, é necessário passar por eles. É assim que agem, por exemplo, as vacinas, colocando nosso organismo em contato (atenuado e controlado) com aquilo de que queremos nos preservar. Pais atentos, presentes, orientadores e comprometidos não evitarão o contato de seus filhos com as realidades da vida que estes vivem, não os subtrairão do mundo que habitam. Se o fizessem de uma maneira absoluta, estariam privando seus filhos de recursos para sobreviver nesse mundo de uma maneira funcional. Não proponho (antes que apareça uma hiper-reação escandalizada) empurrar as crianças para a droga, o álcool e a violência como forma de educação. Não é necessário. Como parte de seu próprio processo de crescimento e socialização, elas o farão de qualquer maneira. A função dos pais e adultos é a de conter, limitar, responder, confrontar de um modo orientador, encaminhar buscas e tendências. Um indivíduo cresce através do perigo, mas uma coisa é ter recursos (especialmente emocionais, de valores, espirituais e também materiais) diante do risco e outra é se encontrar com eles jogado ao azar, ter sido deixado desprotegido diante dos abutres e predadores da vez. Estar presente e ativo, tornar-se responsável, representa para um pai, uma mãe, muito trabalho, preocupações, medos sem resposta imediata, discussões, questionamentos, dúvidas a respeito da solidez do vínculo. As recompensas são recolhidas mais tarde, nunca simultaneamente à ação. Mas, além disso, os pais e adultos responsáveis não costumam agir pela recompensa, embora a desfrutem merecidamente, mas porque, pura e simplesmente, *fazem o que devem fazer*. Quando não o fazem, o resultado, sim, é imediato: seus filhos passam a integrar a multidão solitária de filhos órfãos.

Nicolás Casinelli, um adolescente de 18 anos, parece confirmar parte disso quando diz: "Os pais e as autoridades poderiam fazer algo mais. Os jovens querem se sentir adultos e procuram o proibido. Os pais poderiam permitir algumas coisas, mas avisando sobre os perigos."* Florencia Sagasti, de 17 anos, acrescenta: "Há pais que permitem tudo e os filhos ficam na pior." Sua amiga Delfina Mallman, de 18, observa finalmente: "O que mais me assusta é pensar como vai ser tudo isso quando formos mães." A "diversão", a "onda", "viver a mil", "se sentir adulto" são as razões que os jovens declaram para justificar um comportamento que transforma as ruas das cidades, durante as madrugadas, em verdadeiros vazadouros de adolescentes bêbados ou drogados, descompostos, inconscientes, penosamente arrastados até as portas de suas casas por seus amigos ainda sobreviventes. Muito mais do que uma casualidade, a ausência de adultos nesses cenários é uma patética metáfora.

Rituais patéticos

Os jovens querem se sentir adultos, fortes, testar-se, medir-se, confrontar. Nada disso é anômalo, não estão doentes, não denotam uma patologia. Falam de uma idade de transição, confirmam que, nesses momentos dos ciclos evolutivos, se requerem ritos de passagem, experiências que confirmem o crescimento. Criar e oferecer cerimônias de passagem, fazer

---

* Testemunhos recolhidos pelos repórteres Mariano Wullich e Adriana M. Riva para a reportagem "Por que os jovens abusam do álcool", *La Nación*, Buenos Aires, 22 de janeiro de 2007.

o papel de guias durante as mesmas, é uma missão indelegável e inevitável de pais e adultos. Esses ritos podem adquirir a forma de experiências compartilhadas a céu aberto (acampamentos, excursões, montanhismo, viagens com objetivos solidários como pintar escolas, construir espaços necessários, aprender a sobreviver mediante habilidades próprias em contato com a natureza). Podem ser empreendimentos intelectuais ou espirituais, investigações múltiplas, construções, podem ser espaços de reflexão conjunta, podem ser cursos nos quais os adultos transmitem experiências aos jovens, podem ser atividades e competições esportivas. Pode ser, enfim, tudo aquilo que o amor transforma em criatividade quando há presença, comunicação, contato, atenção, olhar, escuta.

Caso contrário, quando os adultos não monitoram os ritos de passagem, os jovens os constroem por conta própria, sem experiência, sem vivência (por uma simples questão cronológica), sem recursos ou com os tentadores e obscuros instrumentos que lhe estendem os exploradores de sempre. Beber até a descompostura, aprofundar a experiência narcotizante, arriscar a vida em "pegas" enlouquecidos, se embrutecer até níveis desumanos em "festas" e viagens de formandos em que drogas, álcool e violência são os principais e imprescindíveis convidados, desafiar-se em brigas com armas brancas entre distintas patotas ou gangues, praticar formas promíscuas ou inseguras de sexualidade são, enfim, ritos de passagem, formas trágicas de se "tornar adultos", de se sentir independentes. Procuram assim atenuar o surdo terror que lhes provoca a pergunta sobre o futuro que os espera em uma existência cujos modelos de vida adulta são os da geração de seus pais, esses adultos que, na melhor das hipóteses, estão ausentes, narcotizados por seus próprios rituais consumistas, transitando existências sem ideais nem objetivos transcendentes, afastados de qualquer responsabilidade em relação aos filhos órfãos, e que, no pior dos casos, fogem espavoridos do tempo e do vazio, e o fazem se disfarçando de adolescentes como seus filhos, refugiando-se em uma impossível "amizade" com eles. Enquanto isso, a ausência de pais e adultos não é desperdiçada: por exemplo, as mesmas discotecas onde os garotos e garotas se embebedam são os lugares onde o ecstasy é uma droga que se consegue com mais facilidade do que água, já que os próprios donos desses lugares se encarregam de fechar as torneiras dos banheiros para que o consumo de álcool se torne obrigatório, e são eles que liberam, por ação ou omissão, a venda das drogas. Eles, como os *mercadocratas*, acabam propiciando os rituais de transição que os pais desertam.

O especialista em educação Hugo Huberman, que desenvolve profundos e extensos trabalhos com alunos, pais e professores em escolas da Argentina (especialmente em Formosa e San Luis) e da América Central (com eixo em Nicarágua), enfatiza o papel formador e condutor dos adultos na vida dos jovens, sobretudo aqueles que denomina "adulto significativo". "Chamamos de adulto significativo, em função da convivência com crianças e jovens, aquele adulto que, tendo laços sanguíneos ou não com o jovem, menina ou menino, cria vínculos de aceitação e de colaboração, e os desenvolve a partir dessa perspectiva", me explicou Huberman em uma conversa pessoal. "Por que significativo? Porque a partir dessa prática dá sentido e significado à relação e abre um espaço de relacionamento com a criança ou o jovem que adquire sentido e significado próprio. Vão aparecendo respostas, compreende-se a razão do vínculo, tanto para o jovem como para o adulto."

Disso se trata, de fato. O adulto próximo tem de ser significativo para o jovem, sua presença na vida das crianças ou jovens tem de deixar uma marca, uma orientação, uma pista de sentido existencial. Isto não é por capricho e, sim, por necessidade. Quando os adultos se ausentam, sempre há quem tome seu lugar. O déficit de adultos responsáveis no acompanhamento das vidas jovens tem um preço sempre trágico. "Uma convivência humana responsável só pode ser orientada pelos adultos", disse Huberman. "Nós, os adultos, através da reflexão, devemos avaliar se queremos ou não as consequências de nossas atitudes. Só o adulto pode ser consciente e saber como suas decisões afetam os outros."

Não há, portanto, desculpas. Quando falamos com afetado horror da toxicomania, do alcoolismo e da violência que afeta nossos filhos, nos esquecemos de que somos seus pais. O consumo de álcool cresce geometricamente, ano a ano, na Argentina. Os adultos não são abstêmios. Não é possível conversar sobre alcoolismo com os jovens com um copo na mão. Os psicofármacos (sedativos, ansiolíticos, antidepressivos) são consumidos como guloseimas, e suas vendas aumentam 12% ao ano, são engolidos sem receita média, por automedicação, por recomendação de um amigo ou conhecido ou, também, como recurso médico para acalmar a pressa de pacientes em poucos minutos. Uma sociedade de adultos viciados (que se escondem no estresse, nas preocupações, no vício em trabalho ou simplesmente na insatisfação vital para consumir selvagemente esses e outros fármacos, como o Viagra ou anfetaminas supostamente emagrecedoras) pode se espantar diante da toxicomania juvenil? Adultos que adotam maus-tratos como uma forma de comunicação, que usam seus carros como armas, que não dão atenção às necessidades do próximo, que se matam nas estradas e se maltratam nas relações profissionais e afetivas, que se desqualificam das piores maneiras, acreditam de fato que a violência juvenil é um fenômeno espontâneo e não a adoção de um modelo alimentado nos lares, nas ruas, nas telas, nos colégios, nos estádios, nos discursos e também nas atitudes dos políticos e funcionários?

Nossos filhos são espelhos que nos fitam. À diferença dos espelhos que temos no armário e banheiro, não se tratam de objetos inanimados e decorativos (embora muitos pais pareçam ter tido filhos apenas para decorar suas vidas). Nossos filhos não refletem apenas nossa imagem; imitam-na e a devolvem para nós. O que vemos neles é o que somos, o que projetamos. Culpar o espelho é, sempre, um imenso exercício de irresponsabilidade. E não se sai ileso desse exercício.

Capítulo 6

Pais que não educam, filhos que não amadurecem

Hannah Arendt viveu de 1906 a 1975. De origem alemã, exilou-se nos Estados Unidos depois da ocupação da França pelos nazistas. Foi discípula de Martin Heidegger (o pai do existencialismo) e de Edmund Husserl (o impulsionador da fenomenologia). À medida que o tempo passa e os processos sociais se desenvolvem, as ideias de Arendt confirmam e ampliam a profundidade e a riqueza que a converteram em uma das grandes pensadoras do século XX. Acreditava na fé como virtude indispensável à criação e à preservação dos vínculos humanos. A fé no outro. Para desenvolvê-la é necessária a presença, o contato. A falta de contato e a desconfiança eram, para ela, sinônimos. O contato é essencial para criar, para educar.

Em um artigo, escrito há meio século, intitulado "O que é a autoridade?", Arendt advertia que as autoridades tradicionais estavam falindo e que aquilo afetaria "todas as esferas *pré-políticas*, como a educação e a instrução das crianças, onde a autoridade, no sentido mais amplo, sempre fora aceita como uma necessidade natural". Para a filósofa, essa necessidade advém da dependência lógica da criança que, portanto, requer uma orientação firme e referências assertivas, e deriva também de um requisito que ela chama de político, como é o de garantir a continuidade de uma civilização constituída. Em um trabalho sobre a crise atual deste conceito, o filósofo e especialista em educação espanhol José Antonio Marina se apoia nas ideias de Hannah Arendt e conclui: "Não se pode educar sem autoridade."*

Nos mesmos dias em que Marina escrevia isso, em Buenos Aires um grupo de estudantes do Colégio Comercial Carlos Pellegrini, respeitada instituição de ensino médio de alto nível educacional, ligada à Universidade estatal, tomava de assalto a sede do instituto, insatisfeitos com os novos planos de estudo e o novo reitor. A rebelião contava com a cumplicidade (o uso desta palavra é consciente) de um grupo de professores para os quais as conquistas políticas rápidas (com manipulação de alunos incluída) antecedem o cumprimento da responsabilidade docente, e também com a de uma nutrida equipe de pais alheios à própria responsabilidade e abduzidos pelo entusiasmo transgressor de seus filhos. Coube-me participar de um pro-

---

* *La Vanguardia Dominical*, Barcelona, 24 de junho de 2007.

grama de televisão com representantes dessa peculiar associação "antiautoritária" e ouvir, de corpo presente, a lamentável precariedade dos argumentos que usaram para se justificar. Os professores pareciam ser meros estudantes profissionais, desses cuja verdadeira profissão é o *assembleísmo*; os pais podiam ser facilmente confundidos com filhos de seus filhos (tão lamentável era a precariedade de seu vocabulário e o visível temor de contrariar seus descendentes); os estudantes, por fim, repetiam confusos refrões acerca de "vitórias ideológicas" e proclamavam um inexplicável direito de decidir sobre os planos de estudo e a designação de autoridades (talvez não assimilassem as lições estabelecidas nos planos de estudo, mas esta, no entanto, haviam aprendido de cor e repetiam-na mecanicamente). Quando os estudantes decidem o que querem, o mundo está decididamente de cabeça para baixo. E não necessariamente para melhor.

Prenunciado por episódios de anos anteriores (quando no Colégio Nacional de Buenos Aires, outra escola de excelência ligada à Universidade, os alunos comemoraram o fim do ano letivo destruindo tudo o que aparecesse na frente e seus pais se ofenderam e se transformaram em patéticos manifestantes diante dos castigos impostos aos depredadores), o do Pellegrini é um acabado testemunho de uma dramática confusão acerca das funções parentais e das funções escolares que foram se afundando até atingir características perigosas.

O SUICÍDIO DOS PAIS

Esse discurso confuso consiste em acreditar que a escola primária ou o ensino médio são meros parques temáticos que os pais mantêm com seus investimentos (através de impostos, nos colégios públicos, e de mensalidades, nos privados) com o objetivo de que seus filhos se distraiam, tendo suas necessidades rapidamente satisfeitas por docentes *baby-sitters* (ou babás, ou amas-secas, ou como preferir chamá-los). Como quando se deixa um automóvel na oficina mecânica ou no posto de gasolina para ser lavado e depois se retira o carro reluzente e em perfeito estado de funcionamento, assim se espera que a escola devolva as crias aos seus lares. Os pais não querem "problemas" e sim resultados. Quando não é assim (porque há dificuldades de comportamento ou de aprendizado), é a escola que se torna imediatamente suspeita a seus olhos. Alguém (um professor, o departamento pedagógico etc.) não estaria cumprindo sua "missão". Somemos a isso a queixa dos filhos ao se sentirem "muito exigidos" ou porque se viram diante de algum limite ou norma, e teremos pais à beira de um ataque de nervos. Ou a ponto de um esperneio anacrônico contra a escola. "Pago para que eduquem meu filho e exijo isso" costuma rezar uma arrogância comum nesse tipo de situações. Neste cenário, a autoridade agoniza.

Apresso-me a declarar o que entendo por autoridade, pois ao ouvir ou ler esta palavra muitos costumam sacar suas pistolas falsamente "progressistas". A autoridade, do meu ponto de vista, é um atributo que permite estabelecer limites, ou seja, fazer com que as normas sejam cumpridas, transmitir propósitos, e é administrada a partir de uma interação assimétrica entre pessoas (umas estão em um nível mais elevado que outras), de uma comunicação assentada no respeito, na notificação clara, na definição concreta de funções e objetivos. Quando falta algum desses ingredientes, quando eles são escamoteados, quando se falseiam, desaparece a autoridade e resta um perigoso vazio que o autoritarismo costuma ocupar. A autoridade é produto de um vínculo sustentado pelo reconhecimento do outro e da diversidade; o autoritarismo é, pelo contrário, o começo da morte da aceitação da pluralidade e a imposição da força como argumento. No caso que apresento, a soma de alunos, pais e professores que negavam as razões e os fundamentos do outro transgrediu as normas que regiam o espaço comum e queria impor o número e a força como argumento, gerando um caso claro de autoritarismo e, como diriam Arendt e Marina, de morte da autoridade. Quando um pai ocupa a escola com seu filho, não está apenas dizendo a este que a instituição não merece o menor respeito; está desautorizando a instituição para o futuro e liquidando sua própria (presumida) autoridade paterna. Quando o filho recebe semelhante cota de poder em uma área em que ainda não está capacitado (por uma simples questão evolutiva) para administrar, quem restabelecerá o equilíbrio no processo de formação? Não serão estes pais, agora súditos de seus filhos e desautorizados por decisão própria.

"Pago para que eduquem meu filho e exijo isso." Estas palavras são um testemunho eloquente do erro. Não é função da escola educar, se entendemos por tal coisa formar ou desenvolver e aperfeiçoar faculdades intelectuais ou morais (como especifica o dicionário). A escola é tampouco a fonte primitiva de valores ou a principal responsável pela conversão em ato das potencialidades aninhadas no pequeno indivíduo.

Pessoalmente, penso que, no caso dos seres humanos, criar é educar. Criamos animais e plantas, não os educamos. Na medida em que os assistamos para que desenvolvam sua vida, cumprirão o ciclo vital sendo a única coisa que podem ser (*Uma rosa é uma rosa é uma rosa*, escreveu Gertrude Stein, e um gato será um gato e cada um fará o que faz sem escolher, sem intervenção deste atributo exclusivamente humano chamado consciência). No caso das pessoas, é diferente: criar é orientar, é prover recursos de ordem afetiva, emocional e espiritual, é perguntar, é regulamentar, é oferecer noções de ética, construir uma moral para essa ética e é fazê-lo através da presença concreta e de ações, condutas, atitudes. Todas estas são funções que os pais não podem delegar. Os educadores são os pais. Os pais que invadem colégios ecoando a birra dos filhos estão educando, tenham ou não consciência disso. Educam seus filhos na noção de que não se respeita a norma de que não gostam, de que em primeiro lugar estamos nós e depois vem o conjunto, de que não é preciso responder pelas consequências de nossos atos, de que o esforço não é um valor maior, de que a divergência e o desacordo se resolvem pela força ou pelo número (uma patota de estudantes, professores e pais sempre poderá mais do que um reitor). Os pais que descarregam toda a responsabilidade da criação na escola também educam seus filhos. Educam-nos, pelo exemplo citado, a pensar que não somos responsáveis por aquilo que criamos (uma vida, neste caso); que, com dinheiro, sempre encontraremos quem se encarregue daquilo que cabe a nós; que os vínculos não se constroem com presença e que nem o amor é um trabalho cotidiano.

O VERBO É INSTRUIR

Se não educa, o que faz a escola? Que papel resta aos ministros da educação, inclusive àqueles que, como o homem que ocupava esse cargo na Argentina em junho de 2007, acreditam que quem não pensa como eles simplesmente "não pensa" e, portanto, não merece respeito? Talvez não fosse uma má ideia que esses ministérios desaparecessem e fossem substituídos por uma pasta de Instrução (de fato, ao tomar posse, em junho de 2007, o primeiro-ministro britânico, Gordon Brown, dissolveu o Ministério da Educação e substituiu-o pelo de Escolas, Infância e Família. A medida, audaciosa, foi saudada com entusiasmo por aqueles que, a partir do campo da pedagogia e dos vínculos familiares, viam mais além das formas burocráticas).

Do meu ponto de vista, essa é a função da escola: instruir, instrumentar, capacitar para habilidades específicas através do contato com uma variada gama de recursos possíveis. E, acima disso, é função da escola socializar os jovens, ser uma ponte sólida que conecte a intimidade familiar com o horizonte comunitário, com o mundo em que os alunos serão o que forem como pessoas. A escola é o primeiro grande espaço real no qual se experimenta a diversidade, a diferença e a complementaridade com o diferente. Nela se reconhece o outro e se recebe o olhar dele.

A capacidade de olhar registrando, reconhecendo e valorizando será mais vasta conforme a educação que um jovem traga de casa. Porque é ali, definitivamente, onde nos educamos. No fundo, sabemos disso. E, para demonstrá-lo, podemos usar um simples exemplo da vida cotidiana. Quando dizemos que alguém é "mal-educado" não estamos nos referindo a um colégio ruim, ou afirmando que não estudou o suficiente, ou que seus mestres e professores deixaram a desejar. Estamos falando do que aprendeu em casa, com seus pais, com aqueles que o criaram. Ou do que aprendeu ali. Não perguntamos a um "mal-educado" qual foi a escola que frequentou, mas, sim, de que lar provém. É uma questão de senso comum. Os pais educam; a escola instrui e socializa. Isso de maneira alguma rebaixa o papel da escola ou o minimiza. A escola é necessária, tem uma responsabilidade fundamental, é a principal auxiliar dos pais e nem sempre é prescindível em suas funções. Trabalha ao lado dos progenitores, seus espaços são complementares, mas jamais pode (e nem deve) substituir os pais, não pode se encarregar de suas responsabilidades, não pode lhes prestar contas ou lhes dar justificativas por não cumprir tarefas que não lhe cabem. Quando os pais delegam sua responsabilidade à escola e quando a escola se submete a essa delegação, os jovens ficam carentes da função paterna e carentes da função escolar. Duplamente órfãos. Órfãos mais uma vez.

Assim, parece não haver escapatória, nem a partir da perspectiva da educação que colocar filhos no mundo é uma brincadeira. Jean Jacques Rousseau, o filósofo franco-suíço que impulsionou o liberalismo, influenciou profundamente a Revolução Francesa e escreveu *Do contrato social*, dizia que "se as crianças entendessem de razões, não precisariam ser educadas. A pior educação é deixar as coisas flutuarem entre sua vontade e a delas, discutir sem cessar quem é que manda". Para formar pessoas e instruí-las, é necessário criar um contexto, criar as regras do jogo, propor e respeitar normas. Esta é a tarefa conjunta do lar e da escola, e por isso é necessário que se convertam em parceiros e que, como tais, lembrem que agem com um objetivo comum: contribuir para o desenvolvimento de uma vida para que esta converta suas potencialidades em ato. Para esse objetivo comum, cada um contribuirá com determinadas funções, diferentes ou complementares. Ninguém pode abdicar das próprias.

O matemático, filósofo e pedagogo madrileno Ricardo Moreno Castillo se viu no começo da primeira década deste século tomado por um crescente descontentamento pessoal em relação à educação em todas as formas (a doméstica, a escolar, a das leis educacionais), um mal-estar agravado pelo amor que sentia pela atividade. Expôs suas ideias em um texto que chamou de *Panfleto antipedagógico* e enviou por e-mail a alguns colegas e conhecidos. Isso aconteceu em 2005 e provocou um fenômeno explosivo e incomum. O texto foi reproduzido incessantemente, chegou rapidamente a milhares e milhares de pessoas, atravessou as fronteiras espanholas e transformou seu autor em um enunciador inevitável de uma sensação que estava em todo lugar. "Acompanho o desastre em que vive o setor do ensino e compartilho ponto a ponto tudo o que o senhor diz", escreveu-lhe o escritor Antonio Muñoz Molina, então diretor da sede nova-iorquina do Instituto Cervantes. O filósofo Fernando Savater se converteu em um divulgador entusiasmado do texto. O mesmo aconteceu com educadores, pensadores e pessoas anônimas e preocupadas com o tema (ainda se pode acessar este texto através de qualquer buscador da internet).

Em 2006, Moreno Castillo aprofundou suas ideias, ampliou o texto e o *Panfleto* foi publicado como livro; até hoje não parou de ser reeditado. Inspirado a dar um grito de alerta diante do que considera uma situação terminal da educação em seu país, Moreno Castillo apresenta questões contundentes e inquestionáveis acerca de um fenômeno que é hoje mundial e que o pedagogo define como o de crianças cada vez mais incultas e pior educadas, o de professores e mestres cada dia mais deprimidos e desanimados e o de pais cada dia mais afastados de suas verdadeiras responsabilidades e funções. É fácil constatá-lo aqui e agora. Por um lado, vemos professores e mestres constrangidos e pressionados por exigências curriculares absurdas (cozinhadas em micro-ondas por ministros, funcionários, políticos e "experts" que não veem uma criança verdadeira há séculos), por comportamentos de crianças e adolescentes que chegam descontrolados de seus lares, e exigidos, além disso, por pais que, como disse antes, confundem mestres com babás ou empregados especializados em crianças. Por outro lado, pais que, embora jamais cheguem a admiti-lo, consideram-se ineptos para educar e criar; pais que desenvolvem um terror por seus próprios filhos e que, para se reconciliar com estes e tentando evitar que eles percebam sua incapacidade, terminam atacando os docentes, como se os professores fossem os culpados de sua disfunção parental. Por fim, o resultado de tudo isso: filhos órfãos, sem parâmetros, sem contenção, e que, donos de um súbito e inesperado poder, acabam crescendo sem orientação, sem ideais existenciais, sem afeto verdadeiro e nutritivo, sem recursos para a construção de uma vida com sentido (embora possam ter estudado nos melhores colégios, esquiado nas melhores pistas, tido os melhores celulares e computadores de última geração e viajado a todos os parques da Disney).

A ARTE DE FRUSTRAR

Educar não é lotar a agenda cotidiana dos filhos com milhares de atividades, cursos, práticas esportivas e encontros sociais para que não se entediem e não incomodem. Educar, no verdadeiro conteúdo do conceito, é, segundo Moreno Castillo, frustrar. Levando em consideração a frase de Rousseau que transcrevi parágrafos atrás, escreve o autor do *Panfleto*: "É razoável saber dialogar, o que significa escutar quando estão falando com ele em vez de olhar para o outro lado (...) É razoável não sujar de propósito o chão porque aprendeu que os encarregados da limpeza não são escravos. É razoável reconhecer quando se equivoca e saber quando tem de consertar as coisas e pedir desculpas. Tudo isso tem uma origem comum que se chama boa educação." Como podemos perceber, são coisas que não se aprendem na escola (embora possam ser reforçadas nela) e, sim, em casa, com os pais.

Em minhas conferências para pais em colégios e instituições, costumo fazer esta pergunta: "Quem entre vocês jamais atravessa o sinal vermelho quando está levando seus filhos de carro ao colégio?" Ou esta: "Quem entre vocês não fala jamais no celular durante esta mesma viagem, enquanto dirige?" Ou esta: "Quem entre vocês não estaciona em lugar proibido ou em fila dupla no final da mesma viagem?" Ou esta: "Quem entre vocês usa sempre o cinto de segurança nesta viagem?" Peço honestidade nas respostas como condição necessária para que a conversa seja um espaço de reflexão útil. Só a última pergunta (e nem sempre) tem uma resposta afirmativa unânime. Surpreende, embora não devesse, as poucas, pouquíssimas mãos que se levantam nas demais respostas. Bem, esses pais e mães, enquanto levam seus filhos ao colégio, estão educando. Educam com sua presença e com suas atitudes, que é como se educa. Quando eliminamos estas duas ferramentas fundamentais, só restam sermões ocos e discursos vazios. As desculpas destes pais ("Faço para não chegar atrasado.", "Essa conversa telefônica é importante para meu trabalho.", "Se estacionar na outra quadra o neném terá de caminhar e quero evitar que sinta o frio da manhã.", "Sei que o cinto é importante, mas se for uma vez só não acontecerá nada.") são apenas isto: desculpas. E, além do mais, inadmissíveis. Sempre resta a possibilidade de sair minutos antes de casa, e para isso será necessário dormir um pouco menos, ou a de desligar o celular durante a viagem porque com isso não se desliga o mundo, ou a de caminhar uma quadra e fazer um pequeno exercício compartilhado que não matará nem o pai ou a mãe nem a criança, ou a de lembrar que os acidentes não acontecem quando a pessoa planeja. Enquanto os pais e as mães dão estas desculpas, as crianças vão aprendendo a desrespeitar as regras de convivência, a ultrapassar os limites, a desprezar a segurança e a prevenção e a colocar o urgente acima do importante. Em todos estes campos são os pais que educam, e não a escola.

Educa-se com atitudes e também com o estabelecimento de normas, regras e limites. Como resultado disso, as crianças, às vezes, têm de fazer coisas de que não gostam em horários que odeiam; têm de aceitar aqueles que lhes parecem antipáticos à primeira vista; têm de comer coisas que as alimentam em lugar do lixo que só alimenta os bolsos de quem as produz e vende; têm de ceder e respeitar as prioridades dos adultos (seus educadores); têm de aprender, enfim, que o amor é uma construção conjunta e ativa, feita de atos e de gestos, de compromissos mútuos; têm de aprender que os direitos e os deveres são inseparáveis e que a responsabilidade (assumir as consequências das próprias ações) é a verdadeira chave da liberdade, pois ensina a escolher. Não aprenderão nada disso lendo, mas vivendo com seus orientadores, mentores, progenitores, referências. Boa parte desse aprendizado será trabalhosa, muitas vezes incômoda e gerará rancor.

Entretanto, a dor e a decepção, são também parte do crescimento. As árvores não crescem apenas nos dias de sol, com água abundante e cuidado extremo; seu desenvolvimento combina tudo isso com as nevadas, as tempestades de granizo e as secas. O fruto nunca surge na primeira etapa do desenvolvimento da planta, mas quando esta já evoluiu, amadureceu e está em condições de gerá-lo. O fruto também o é das frustrações. Moreno Castillo pergunta quem meteu na cabeça dos pais a estranha ideia de que se educa um filho lhe dando todas as prioridades, nenhum adiamento, nenhuma negativa. Por que, ele pergunta, o que antes os lavradores analfabetos intuíam hoje é ignorado por pais e mães que estudaram? "É o medo de contrariar, de criar traumas?", pergunta. E avança: "Uma criança não fica traumatizada tão facilmente, e se o verdadeiro desejo é não frustrar, mais vale renunciar a educar. Quando exigimos de uma criança que coma nas horas certas e não abuse dos doces, ela se frustra. Quando mandamos que desligue a televisão ou o computador e vá para a cama cedo para que possa, depois, render mais na escola, ela se frustra. Quando a obrigamos a sentar para fazer as tarefas que o professor mandou, ela se frustra. E quando este a faz repetir uma prova porque acredita que ela não deu o suficiente de si, a criança também se frustra. Quem quiser ver filhos sempre felizes, que se torne palhaço de circo, e digo isto sem o menor desprezo pelos palhaços. Fazer as crianças rir é, sem dúvida, um nobre e belo ofício, mas não é o ofício do professor ou tampouco a tarefa fundamental dos pais."

Assim é a vida

Educar é, pois, frustrar; é confrontar o filho com uma realidade essencial da vida: não se pode tudo, as coisas não acontecem sempre como pretendemos, e isto não é uma falha, uma anomalia nem uma injustiça. É a vida real. Para vivê-la intensa e plenamente, é preciso aprofundar o entendimento, ter noção e consciência de si, dos outros, do existente, do entorno. Ter consciência também de que somos parte de um todo que nos transcende, que o horizonte da vida passa muito mais além de nosso umbigo. Para fazer este aprendizado, é necessária a experiência da confrontação. Não devemos entender esta palavra como se fosse um sinônimo de luta, de briga, de provocação, mas, como sugere o dicionário, como a ação de ficar frente a frente com argumentos opostos e averiguar as semelhanças e as diferenças destes. Na medida em que houver uma confrontação nutritiva e funcional com a realidade, para a qual a orientação dos pais é fundamental, o processo de amadurecimento será consolidado. Amadurecer equivale a adquirir consciência e, como escreveu Jung, "a consciência não chega sem dor".

Quando a criança crescer viverá frustrações, adverte Moreno Castillo. Perderá alguma causa como advogado, verá um paciente morrer como médico, será derrotado em uma eleição como político, sofrerá algum fracasso como empresário, receberá más críticas como artista, fará esforços sem recompensa como cientista, será derrotado como esportista, viverá desilusões amorosas, atravessará algum problema de saúde. Não buscará de propósito nenhuma dessas frustrações, ninguém as busca, mas, conforme tenha sido sua educação, elas serão situações capazes de pulverizar sua identidade e levá-la a obscuros poços de negação, depressão e disfunção ou as viverá como episódios mais ou menos dramáticos que saberá atravessar, às vezes colhendo lições úteis. Os pais e as escolas que, em cumplicidade, oferecem às crianças a possibilidade de viver em um falso reality show de perpétua felicidade prejudicam de modo irreversível quem não pode se defender.

Entrevistado por J. Rodríguez Marcos no jornal *El País*, de Madri, Luc Ferry, filósofo e ministro da educação francês durante a gestão de Jacques Chirac, observou: "Nos colégios impôs-se a ilusão pedagógica: primeiro é necessário apaixonar as crianças e depois fazê-las trabalhar. É o contrário. As pessoas só trabalham por obrigação. Não há espontaneidade no aprendizado. Todos fomos marcados por um professor e este costumava ser uma pessoa carismática que nos fazia trabalhar, não um animador cultural. A ilusão pedagógica nos diz que podemos substituir o trabalho pelo lazer. Daí o desastre. É necessário inventar novas formas de autoridade sem voltar atrás como reacionários. Quando damos amor sem lei, não funciona."* A ilusão pedagógica se impôs em boa medida porque a educação foi deixando de ser uma missão de formação de indivíduos plenos e íntegros para se transformar em um fenômeno de mercado (e também político e eleitoral) como pura e simplesmente comercial. Pais e filhos são um *target* que, dessa perspectiva, tem de ser satisfeito para que o adversário não vença. Muitos (parece que cada vez mais) pais têm medo dos filhos, confundem amor com complacência, não têm tempo, não querem complica-

---

* Entrevista ao jornal *El País*, Madri, 12 de junho de 2007.

ções, precisam que alguém assuma uma responsabilidade na qual jamais pensaram antes de gerar uma vida. Os ilusionistas pedagógicos (existem cada vez em maior quantidade) dizem "presente". A orfandade também.

Moreno Castillo admite que muitas das manifestações de ilusionismo pedagógico podem ser baseadas em boas intenções. Eu também admito isso. E concordo com sua reflexão imediata: "Talvez as boas intenções sirvam para se salvar na outra vida, mas a missão dos educadores é preparar as crianças para esta." E a dos pais, acrescento eu, é educá-los, aqui e agora, na realidade cotidiana do vínculo que os une e pelo qual são responsáveis.

Há funções e responsabilidades da mãe, sobretudo nas primeiras etapas: a nutrição, o treinamento doméstico, a estimulação intelectual através de jogos, a contenção emocional imediata, o desenvolvimento de habilidades para a intermediação, entre outras. Há funções e responsabilidades do pai: a socialização, a transmissão de recursos, conhecimentos e acompanhamento para a imersão no espaço externo, o estímulo ao desenvolvimento de habilidades físicas (já que o pai é quem, naturalmente, propõe os jogos físicos de contato aos filhos) e, através disto, o desenvolvimento de capacidades individuais (por exemplo, quando o pai cumpre estas funções as filhas têm melhores resultados em matemática e ciências e os filhos em literatura e áreas espirituais); também é função paterna a de dar vazão criativa à agressividade natural, sobretudo dos meninos, e a de ensinar a competir com objetivos de superação — e não de imposição. As mães ensinam, por meio da presença e da conduta, como é a emocionalidade da mulher e, ao mesmo tempo em que habilitam o desenvolvimento desse campo nas filhas, permitem aos filhos participar desse espaço oposto complementar. Esta função só consegue ser valiosa quando é acompanhada e complementada pela presença afetiva e emocional do pai, autorizando e habilitando a sensibilidade dos filhos homens e proporcionando às filhas a certeza de que estes atributos não são alheios à masculinidade e que, portanto, elas farão bem em buscá-los quando se relacionarem com um rapaz.

As funções maternas e paternas são distintas e complementares, não basta que apenas um deles se encarregue das próprias e, além do mais, nenhuma mãe pode fazer o papel de pai no que é específico deste e nem um pai pode ser mãe. Há, naturalmente, muitas tarefas que podem — e devem — ser cumpridas por ambos, separada e/ou conjuntamente (levar as crianças ao pediatra, ao colégio, buscá-las, supervisionar as reuniões com colegas feitas em casa, buscar os filhos em suas saídas noturnas, participar das reuniões de pais na escola, assistir às cerimônias escolares e aos eventos esportivos ou culturais em que os filhos são protagonistas, acompanhá-los na compra de roupas ou livros ou na ida a espetáculos, conversar sobre questões da escola, da família ou da vida social e afetiva das crianças, aplicar castigos previamente combinados e informados quando se transgridem normas da convivência familiar, da criação ou do vínculo, dar-lhes informação sexual cada um acerca do próprio sexo, transmitir-lhes experiências da própria vida e da história familiar).

O desconhecido causa medo. Se os filhos despertam o medo dos pais é porque se transformaram em estranhos para eles. No entanto, um filho jamais será um desconhecido ameaçador para pais que se envolvam ativa e responsavelmente em sua educação. Aprende-se a ser pai com os filhos. Assim, o processo educativo é conjunto e simultâneo. Enquanto uns aprendem a ser pais, outros viram pessoas, desenvolvem recursos intelectuais, físicos, emocionais e espirituais. E o farão à medida que receberem presença, orientação, exemplos não recitados, mas colocados em prática; limites, oportunidades de confrontação, frustração instrutiva. Quando falta tudo isso, surgem as próteses: escola, internet, babás, cybercafés, shoppings, televisão. Próteses que, neste caso, longe de cumprir a função do membro que substituem, não fazem mais do que evidenciar, de modo dramático, as sequelas trágicas provocadas pela ausência do original. Em síntese: os pais educam. A escola pode funcionar, às vezes, como um segundo lar. Mas o lar é *sempre* a *primeira* escola. E não é possível evitar que seja assim.

Capítulo 7
Pais distraídos, filhos doentes

Segundo a lenda, certo dia, um grupo de discípulos de Sócrates o procurou com a seguinte proposta: "Embora nos tenha ensinado que a simplicidade e a austeridade são consequências da sabedoria, vemos que o senhor não tem sapatos e que, toda tarde, para no mercado de Atenas para olhar as mercadorias. Podemos lhe dar de presente um par de sapatos?" Sócrates respondeu: "Agradeço, mas tenho tudo de que necessito. E desfruto muito cada tarde, quando passeio pelo mercado, vendo quantas são as coisas de que *não* necessito."

Nossos filhos sabem quantas são as coisas de que *não* necessitam? Seus pais lhes ensinaram a diferença entre necessitar e desejar? Os próprios pais o sabem? As verdadeiras necessidades humanas são poucas e essenciais, segundo afirmou há mais de meio século o psicoterapeuta Abraham Maslow em sua célebre Pirâmide. Alimento, ar, agasalho, teto, vínculos, reconhecimento, amor e, como ápice, realização, transcendência. Estas necessidades não mudam com os tempos, elas definem nossa condição. A partir delas são gerados empreendimentos, gestadas relações, aprofundados os conhecimentos a respeito da própria Humanidade. E, quando são manipuladas, criam-se muitos negócios, diversos seres humanos enriquecem (às vezes, obscenamente) às custas de outros, muitos desenvolvem poder e manipulam vontades e consciências. A mercadologia é uma disciplina que tem como objetivo reduzir as pessoas a consumidores e liquidificar todo traço de sua singularidade em uma sopa espessa chamada mercado. Enquanto fervem lentamente nesse caldo (tal como se cozinham as rãs para evitar que escapem da panela), os consumidores começam a confundir necessidades com desejos. As necessidades são próprias de sua condição humana, os desejos lhes são inoculados. Quando têm fome, acham que necessitam engolir uma determinada marca de salsicha (ou o que for); quando têm sede, "sentem" que estão loucos por um refrigerante bastante anunciado; quando necessitam se relacionar, ficam convencidos de que isso é impossível sem determinado telefone celular, um computador específico ou aquele cartão de crédito que os tornará aceitáveis. Quando as necessidades dos níveis superiores da Pirâmide maslowiana (as que envolvem a espiritualidade e a transcendência) não estão atendidas, o trabalho dos mercadocratas se vê facilitado. É nesse buraco negro que germinam os desejos.

Se é tão fácil fazer isso com adultos, com as crianças se trata, simplesmente, de cozinhar e cantar. As crianças "precisam" de um celular, mas não de qualquer um, e sim desses que tiram fotografia, baixam música da internet, oferecem jogos e sistemas de comunicação multimídia. Na Argentina, segundo estudos coincidentes de várias consultorias, mais de 400 mil telefones móveis estão nas mãos de menores de 14 anos. Isto representa quase 3% dos celulares (cerca de 15 milhões no final de 2006). E o mercado infantojuvenil cresce de maneira exponencial. As empresas provedoras destes serviços *essenciais* esfregam as mãos calculando que, antes do final da década, 40% dos celulares estarão em mãos de crianças e adolescentes.

COMUNICAÇÃO ZERO

Na escola, como os professores sabem muito bem, o fenômeno é perturbador. *Ringtones* insuportáveis, risinhos, mensagens de texto em que o idioma é ritualmente destroçado (morrem as vogais, a sintaxe é decapitada) e bullying (intimidação) entre colegas são as novidades que os celulares trouxeram às aulas, para o desespero de mestres e docentes que encontram aqui um novo motivo de desalento e impotência. As autoridades educacionais e legislativas evitam tomar qualquer tipo de medida taxativa em relação a isso (poderiam incomodar muitos pais além de empresas que lucram com o fenômeno e tudo isso seria arriscar oportunidades eleitorais, quando não negócios). Ao mesmo tempo, não faltam alguns luminares do pensamento educacional (quem visitar o site *Educ.ar*, do Ministério da Educação da Argentina encontrará alguns exemplos) que propõem "aliar-se" ao telefone celular para fins "pedagógicos". A capitulação dos adultos no que refere-se à responsabilidade de educar parece epidêmica e o acampamento de órfãos cresce.

Ariel Barlaro, diretor da consultoria Convergencia Research, de Rosário, descreve a situação de maneira menos ilusória: "Quando aparece um aluno com celular novo na sala de aula, o aparelho passa a ser o sonho de todo o resto, produzindo um efeito imitação: quando o celular começa a entrar na escola, quando alguém o tem, todos passam a desejá-lo. Mais ainda quando há planos relativamente econômicos. A mesma coisa acontece com a internet: quando um serviço alcança certo nível de generalização, quem não tem acesso a ele se sente um pária. Quando a rede deixa de ser minoritária, a necessidade daquele que fica de fora se torna mais aguda e ele vive isso como uma desconexão."*

Se não ficou claro, pode-se adicionar a seguinte afirmação: "O que começou como um instrumento de controle dos pais passou a ser um símbolo de liberdade para as crianças, porque podem se comunicar entre elas sem que os adultos

---

* *La Capital*, Rosário, 24 de setembro de 2006.

as ouçam." Quem diz isso é Mariano Nejamkis, diretor de Marketing da CTI, uma das principais empresas de telefonia celular da Argentina.* Esses argumentos revelam a verdade da trama. Enquanto os pais usam a desculpa da "segurança" e da "acessibilidade" para dar a seus filhos celulares que, com as características exigidas, custam por volta de cem dólares, a realidade é que a compra de objetos parece mais uma forma de revelar que têm medo de como seus filhos reagirão a um "não" ou à imposição de limites.

Francesco Tonucci, o respeitado especialista italiano em educação, afirma que a melhor maneira de transformar as praças, parques e espaços públicos em lugares seguros é ocupá-los em vez de fugir deles, deixando-os nas mãos de vândalos e predadores. Os pais, afirma Tonucci, devem enviar seus filhos às praças para que brinquem, tenham contato com o mundo real, tornem estes lugares habitáveis com sua presença. Naturalmente, isto requer acompanhamento, organização, normas (com quem irão, fazer um grupo de pais ou de pessoas de confiança para acompanhar os jovens), conversar com os filhos e, naturalmente, admitir uma cota de preocupação inevitável até que a experiência se consolide. Nas cidades italianas onde Tonucci sugeriu e encabeçou esta proposta, os resultados foram altamente positivos e gratificantes para todos (filhos, pais, autoridades).

---

* Portal *Páginas Móviles* (www.paginasmoviles.com.ar), 9 de setembro de 2005.

No caso do telefone celular como instrumento de "segurança", é possível tentar algo semelhante. Isso requer o reforço da comunicação cotidiana: confiar em que, a partir dessa comunicação e de acordos claros, os jovens exercitarão a responsabilidade de ficar em contato; mostrar mais presença paterna naqueles espaços que se converteram (graças ao pânico dos pais) em terreno privado de adolescentes e pré-adolescentes. Refiro-me aos lares onde os adolescentes se pré-aquecem reunidos antes de partir para os espaços administrados pelos empresários da noite (em sociedade com os do álcool e de outras substâncias).

Presença significa também o estabelecimento de normas para a convivência no lar e a aplicação de castigos quando estas não forem cumpridas. José Luis Luengo, Promotor do Menor de Madri, recorda que "embora os adolescentes pareçam, aos 14 ou 15 anos, pequenos homens e mulheres, em parte continuam sendo crianças, necessitando de conselhos permanentes. Ser capaz de adiar seus apetites e desejos é demonstrar que estão sendo protegidos dos pequenos perigos cotidianos. A cada novo nível de liberdade haverá de corresponder uma obrigação a mais: *Agora que você pode voltar mais tarde para casa também terá de levar seu irmão menor ao treino de futebol*. Para soltar o cabo é preciso tê-lo bem amarrado."*

---

* Jornal *La Vanguardia*, Barcelona, 4 de agosto de 2007.

Sem desculpas

Entrevistada pela revista *Sophia*, a psicóloga Marcela Labrit Speroni, diretora do centro de assistência familiar Orientar, disse que "os colégios não devem permitir o uso do celular, porque há meios viáveis — a professora, por exemplo — de colocar os alunos em contato com os pais. O que o pai que compra um celular para o filho levar à escola faz é ofender as autoridades responsáveis pela escola". Em outras palavras, os pais desautorizam mais uma vez a escola, descem ao nível de seus filhos, e a escola é obrigada a lidar com transgressores infantis em vez de contar com a colaboração dos adultos. Adrián Dall'Asta, diretor da Fundación Proyecto Padres, uma instituição dedicada a melhorar e a enriquecer as funções paternais, é da mesma opinião: "Há pais que usam o celular como se fosse um tipo de babá que cuida de seus filhos porque os acompanha a todos os lugares, e isto é absurdo. A pessoa sabe onde está seu filho quando o leva e vai buscá-lo ou então quando o espera acordado e conversa com ele quando chega, e não se seu filho liga ou não liga."

Um telefone celular não é uma necessidade básica de uma criança nem de um adolescente. Trata-se de um desejo criado artificialmente. Em todo caso, muitas vezes é uma "necessidade" dos pais: a de se sentir ídolos de seus filhos, a de se congraçar, a de dizer a si mesmos que são "bons pais" e não deixam que nada falte às suas crianças, a de eliminar culpas (por ausências reiteradas, por supostos erros na criação etc.), a de não ser diferentes de outros pais e evitar assim o (pré)conceito social.

O descontrolado nível de presença destes artefatos entre as crianças já gera consequências, como a síndrome de abstinência que alguns especialistas em comportamento infantil e adolescente já começaram a detectar. Isto significa sintomas de ansiedade, irritação, taquicardias, transtornos do sono e de atenção quando não têm um celular com eles, quando lhes é retirado por um tempo, quando estão em um lugar onde seu uso é proibido. O mesmo acontece com o computador. E também se incluem neste grupo as dores de cabeça, que hoje são uma realidade cotidiana da saúde infantil e que os especialistas no assunto atribuem, cada vez em maior quantidade e com mais certeza, ao uso excessivo de celulares, computadores e outras telas. Estas enfermidades têm sua origem na combinação da negligência paterna e materna com a voracidade predadora de comerciantes, fabricantes e mercadocratas. Lamentavelmente, não são os únicos fenômenos que, com esta origem, registram-se no âmbito da saúde infantil.

Pequenos robôs multiuso

Na ânsia de manter eles mesmos uma adolescência perene (esportes, festas, atividades sociais e profissionais sem limites —

ao menos sem o limite que significa ocupar-se verdadeiramente dos filhos), muitos pais lotam os dias de suas crianças com atividades. Aferrados aos paradigmas de uma sociedade egoísta, individualista e competitiva até níveis terminais (a sociedade sonhada pela pseudofilósofa Ayn Rand, autora de *A revolta de Atlas*), esta majoritária categoria de pais e mães tenta, acima de tudo, conquistar, através de seus filhos, a autoestima que eles mesmos perderam em algum lugar (embora pareçam vitoriosos e bem-sucedidos). Então, pretendem ter em casa (embora eles mesmos não estejam ali) o campeão de tênis, futebol ou rubgy, o concertista precoce, o gênio da informática, o perfeito poliglota, o astro teatral, a pequena grande diva da comédia musical, o modelo televisivo da temporada e o perfeito paciente da psicoterapeuta infantil, tudo em uma coisa só. Temos, assim, filhos e filhas que vieram ao mundo para assumir, através de uma agenda completa, as carências de seus progenitores, os quais, além de tudo, os medirão e os compararão o tempo todo com outros estressadinhos e ficarão nas reuniões e encontros casuais de pais mantendo diálogos tensos e aparentemente amáveis nos quais competirão surdamente enumerando as "virtudes" e atividades de seus rebentos.

A *Geração Zapping* já é um fato. Os educadores da Catalunha, reunidos em abril de 2004, enviaram uma séria advertência aos pais, colégios e autoridades. A mensagem tem validade universal e adverte que "talvez as crianças de hoje levem um ritmo de vida muito estressante, com uma grande quantidade de atividades extraescolares, e é provável que o cansaço que isso lhes causa afete sua concentração. Instalou-se o hábito de lhes impor muitas coisas ao mesmo tempo sem aprofundar nada e satisfazer constante e rapidamente seus desejos".* Desconcentrados, desinteressados, agoniados, incapazes de processar a quantidade e variedade de informações que lhes são embutidas como se fossem leitõezinhos que precisam engordar rapidamente a fim de serem lucrativos para seus criadores, os jovens começam a sofrer doenças de adultos. Entre elas, os pediatras apontam a presença crescente de perda de audição, produto do constante uso de fones de ouvido e escutar músicas em altíssimos decibéis, sobretudo em adolescentes, bem como o uso excessivo do celular pelos adolescentes e crianças. Outra manifestação preocupante é a das lesões musculares e de coluna, que os especialistas atribuem a causas opostas, como o sedentarismo extremo (horas e horas diante da televisão ou do computador) ou a prática excessiva de esportes quanto a tempo e exigência (o campeãozinho que não é mais preparado para brincar e se divertir, mas de quem se exige competir e vencer, porque é o que os pais querem dele).

"Não nos demos conta de que as crianças precisam ter infância, correr riscos, frustrar-se, se divertir, admirar as

---

* Jornal *La Vanguardia*, Barcelona, 23 de abril de 2007.

coisas mais simples da vida. Que as coisas mais importantes da inteligência dependem das aventuras vividas pelas pessoas na infância. Criamos uma estufa para nossos filhos, que fazem parte da geração mais insatisfeita, ansiosa e desmotivada que já pisou na face da Terra." Subscrevo até a última letra estas palavras do psiquiatra brasileiro Augusto Cury (autor de *Nunca desista de seus sonhos*), confiadas ao jornalista Luis Aubele.* Diante disto, ouvimos muitas desculpas paternas do tipo "é preciso prepará-los para o mundo que está vindo". Desde sempre os mestres espirituais nos ensinam que o amanhã é hoje, que o futuro não chegou e que, quando chegar, será apenas o presente que agora construímos. O famoso "mundo que está vindo", habitado e gerenciado pelos filhos órfãos de hoje, será, com este modelo dos pais, um planeta de seres incapacitados para o mundo afetivo, sem tempo para a introspecção, analfabetos emocionais, materialistas vorazes, seres ansiosos, apressados para chegar a lugar nenhum, nonatos espirituais incapazes de brincar, alheios à alegria, estrangeiros do amor.

E, além do mais, chegarão a essa condição total e absolutamente dopados. Porque a dispersão, a ansiedade, a incapacidade de fazer contato que as crianças manifestam como produto de um tipo de educação e de vínculo proposto pelos adultos, longe de ser registrados como dores

---

* Jornal *La Nación*, Buenos Aires, 10 de junho de 2007.

culturais, foram prontamente etiquetadas sob um nome assustador e taxativo que aterroriza ainda mais os pais que já vivem sua paternidade como pânico e deixam a eles e seus filhos nas mãos dos oportunistas de sempre. A etiqueta fatal é Distúrbio de Déficit de Atenção (DDA — ou ADD, na sigla em inglês, pois foi inventada por laboratórios farmacêuticos dos Estados Unidos com a conivência de psiquiatras desse país).

A CONFABULAÇÃO SILENCIOSA

Há, hoje, dois modelos prevalecentes entre os pais que evitam um compromisso mais intenso (emocional, ativo e presente) na criação dos filhos. Quando a ausência de limites, acompanhamento, intercâmbio intelectual e emocional, somada ao temor de exercer as funções parentais de um modo simples e claro produz nas crianças desordens de conduta, de saúde, de atividade e de atenção, um álibi "espiritual" consiste em chamá-las de *crianças índigo* (supostos emissários de um futuro perfeito que chegaram a esta era para ensinar a todos os seres, inclusive a seus pais). Por sua vez, a justificativa "científica" consiste em considerá-las vítimas de DDA. Uma das desculpas as transforma, então, em seres intocáveis de um mundo celestial com licença para qualquer coisa que seus impulsos lhes ditem; a outra, as transforma com uma canetada em enfermos. Triste destino o das crianças da sociedade dos filhos órfãos.

Se analisarmos as duas opções, convirá dar mais atenção e desconfiança a do DDA. Em 18 de outubro de 2006, em um trabalho sobre o tema, o jornal *Página 12* ofereceu uma informação substancial: "A venda de estimulantes e outras drogas que são receitadas às crianças inquietas e desatentas aumenta sem parar na Argentina: a indústria farmacêutica faturou, em 2005, cerca de 150 milhões de pesos neste ramo, 50% a mais do que em 2004. O principal psicofármaco usado no tratamento dos quadros diagnosticados como Distúrbio de Déficit de Atenção é o metilfenidato, uma droga de ação semelhante a das anfetaminas, que, por sua capacidade de viciar, foi incluída na lista de drogas de alto controle pela Junta Internacional de Fiscalização de Entorpecentes (JIFE) da ONU. Cada país tem uma cota máxima de importação de metilfenidato por ano estabelecida pela JIFE. Devido ao crescimento do mercado, os laboratórios locais pediram ao governo que amplie, em 2007, essa cota em quase 40%."

A indústria farmacêutica figura, ao lado da de armas, do narcotráfico e da prostituição, entre as quatro que mais movimentam bilhões de dólares no mundo. Na hora de exibir fundamentos éticos e morais, nem sempre é fácil diferenciá-las entre si: carecem por completo desses fundamentos. Quem leu o romance *O jardineiro fiel*, de John Le Carré, ou viu o filme baseado nele, conta com abundantes, lapidadas e jamais desmentidas informações acerca de como essa indústria se movimenta. E, se fosse necessário algo mais, poderíamos mencionar uma reportagem do *New York Times* (um jornal que ninguém qualificaria como sensacionalista) que, no dia 19 de maio de 2007 (com a assinatura de G. Harris, B. Carey e J. Roberts) divulgou uma investigação a respeito de quanto dinheiro os laboratórios investem na indução (para não dizer suborno) de psiquiatras infantis para que estes receitem antipsicóticos e outras drogas de perigosos efeitos secundários. Os antipsicóticos atípicos lideram o ranking dos mais vendidos, diz o jornal, e são prescritos a centenas de milhares de crianças "para ajudar os pais a lidar com problemas de comportamento, apesar de seus riscos e do fato de as drogas não terem sido aprovadas para o uso por menores". Só no estado de Minnesota, único que exige registros deste tipo, os pagamentos dos laboratórios aos psiquiatras aumentaram mais de seis vezes (e chegaram a 1,6 trilhão de dólares). Nesse mesmo período, a prescrição de antipsicóticos a crianças aumentou nove vezes. Em um mundo globalizado, estas práticas são em escala planetária, de maneira que não se trata de um fenômeno exclusivamente norte-americano.

Poucas coisas podem ser tão arriscadas para uma criança (em termos de qualidade de vida emocional, autoestima, desenvolvimento da confiança em seus próprios recursos e percepções) do que o cruzamento de pais titubeantes no exercício de suas funções, ou seja, pais tão infantis quanto ela em termos de amadurecimento, com psiquiatras e profissionais rápidos em fornecer diagnósticos. "Encontramos crianças que são rotuladas e medicadas porque apresentam dificuldades na escola ou no âmbito familiar de um modo imediato, sem que ninguém as tenha ouvido, sem referências a seu contexto e a sua história, sem que se tenha feito nenhuma tentativa de compreender seus conflitos nem de ajudá-las de outro modo. Estamos em um momento crítico, porque os laboratórios avançam em sua tentativa de que tudo seja medicado. O que está acontecendo com este assunto é atroz. Crianças pequeninas são medicadas como se lhes dessem água, com uma medicação que traz problemas de crescimento, transtornos cardíacos e surgimento de sintomas psicóticos", adverte a psicóloga Beatriz Janin, professora de pós-graduação da Universidade de Buenos Aires (UBA) e diretora de Especialização em Psicanálise Infantil da Universidade de Ciências Empresariais e Sociais (UCES).* Deveríamos perguntar se o famoso Distúrbio de Déficit de Atenção com que são catalogadas impunemente tantas crianças não é, em definitivo, o sintoma do pavoroso *déficit de atenção dos pais em relação aos filhos*. Neste caso, sim, a palavra déficit seria adequada.

---

* Jornal *Página 12*, Buenos Aires, 18 de outubro de 2006.

Adoecem pela boca

No entanto, a saúde de uma criança é muito valiosa e sua criação é uma experiência maravilhosa e única para deixá-la nas mãos de laboratórios médicos alheios a todo respeito pela saúde a que dizem atender, mancomunados com profissionais inescrupulosos. Da mesma maneira, a nutrição infantojuvenil é algo suficientemente importante para não delegá-la a quem os alimenta hoje. Os transtornos alimentares se manifestam cada vez mais cedo. Isto não engloba apenas a bulimia e a anorexia, que, até pouco tempo atrás, monopolizavam a categoria. Agora é necessário agregar a obesidade infantil, que a Organização Mundial da Saúde (OMS) já coloca em sua lista de epidemias. Sete de cada dez alunos de escolas primárias e secundárias de Buenos Aires baseiam sua alimentação em hambúrgueres, cachorros-quentes, chicletes e sorvetes, de acordo com um estudo da Cátedra de Dietoterapia da Criança da Escola de Nutrição da UBA, publicado pela Sociedade Argentina de Pediatria. As crianças comem essas coisas por gosto ou por hábito, e não por fome, segundo elas próprias confessam no estudo. María Elena Toresani, titular da cátedra e coordenadora da pesquisa, lamenta que "o consumo destes produtos, ricos em carboidratos e gorduras de má qualidade, que deveria ser esporádico, seja cotidiano, como observamos em nossas crianças e adolescentes".*

---

* Jornal *La Nación*, Buenos Aires, 10 de abril de 2007, reportagem de Fabíola Czubaj.

A mesma pesquisa adverte que, nas redes de lanchonetes, que se multiplicam com a velocidade das pestes, a qualidade nutricional é cada vez mais baixa e a densidade energética mais alta, e que as porções desse lixo aumentam na mesma velocidade que o sedentarismo das crianças. Naturalmente, as saladas e as frutas são completamente ignoradas, assim como é (cada vez mais) o hábito de tomar o café da manhã em casa e compartilhá-lo com aqueles estranhos que as colocaram nesta vida. Muitas mães (e menos pais, por uma simples questão de presença) costumam tentar dissimular este buraco negro na alimentação (e a consequente culpa que algumas sentem) comprando ao querubim, a caminho do colégio, "um chocolatinho" ou algum biscoitinho (desses que, segundo o perspicaz fabricante, são "fortalecidos" por improváveis vitaminas), ou um "suquinho" no qual a essência e o açúcar se disfarçam de frutas.

O resultado disto está à vista. Na rua, nos cinemas, nos restaurantes, nos colégios, nas praias, em todos os cenários, enfim, caminhamos, com alarmante frequência, entre crianças gordas, quando não diretamente obesas, como se encabeçassem uma estranha e silenciosa invasão. Se fosse verdadeiro o conteúdo daquele lema de nossas mães e avós segundo o qual as crianças gordinhas são saudáveis, estaríamos diante de uma incontrolável explosão de saúde. Mas os pediatras não pensam assim. A obesidade infantil é uma doença e uma realidade preocupante. Uma manifestação física inegável de outras deformações da infância e da adolescência.

A obesidade em idade precoce leva ao rápido surgimento (já se vê em adolescentes) da diabetes tipo 2 (resistência à insulina, intolerância à glicose), a mesma que há poucos anos afetava os adultos a partir dos 40 ou 50 anos. Os pediatras também começam a ver coisas para as quais não estavam preparados: casos frequentes de hipertensão e de altos índices de lipídios em crianças e adolescentes.

O hábito alimentar se aprende e faz parte da educação para a vida. Come-se como se vive. Somos o que comemos, costuma-se dizer com perfeita síntese. Os filhos órfãos desta sociedade comem porcarias, não recebem orientação alimentar nem conhecem limites, não são orientados. Seus pais, ao contrário, comem cada vez mais como eles. Muito e mal, sem respeito pelos alimentos, nem por seus organismos, sem honrar nenhum dos dois. "Vou lhe dar um dinheiro pra comprar comida" é uma frase paradigmática. Outra tradução do "Não tenho tempo, não me incomode, se vire". Com o vazio de presença nutritiva, os filhos órfãos vão encher o buraco com aquilo que os oportunistas de sempre lhes oferecem nas telas das televisões e na esquina (os *mac algo* estão sempre à mão).

A FOME SEM FIM

A bulimia e a anorexia, que eram exclusividade das meninas e agora também se manifestam nos meninos, são outra cara da mesma preguiça, negligência e ausência, como demonstra de maneira contundente e inapelável a médica e psicóloga norte-americana Margo Maine (diretora do *Eating Disorders: Journal of Treatment and Disorder*) em um trabalho publicado em espanhol pelo jornal *Perspectivas Sistémicas*.* Maine sustenta e fundamenta a tese de que a ausência do pai (ou sua presença débil e apagada) faz com que as filhas, necessitadas das funções que este deveria exercer, não se sintam validadas nem valorizadas e comecem a duvidar de si mesmas, a não gostar de si próprias, a tentar se modificar, a partir do físico, de um modo obsessivo e, em última instância, a tentar chamar a atenção através de fenômenos corporais. Somemos a isto uma pergunta acerca do papel que desempenha nesta obsessão pelo aspecto físico a presença de mães dedicadas à sua própria luta contra o tempo, o espelho e a balança, mães que correm da dieta ao bisturi, ou ao botox, ou à lipoaspiração, ou à lipossucção como quem, de fato, corre por sua vida. Mães cujo campo visual não abrange mais do que isto e que se tornam competidoras (em vez de orientadoras) de suas próprias filhas.

PERDIDOS DA NOITE

Os hábitos são, também, indicadores de saúde. O do sono é essencial para o equilíbrio psíquico e físico das pessoas.

---

* "Hambre de padre", Jornal *Perspectivas Sistémicas*, N° 66, maio-junho, 2001.

Ao dormir, o organismo cumpre seu processo homeostático, recupera energias, descarrega toxinas, restaura sua harmonia. De certo modo, também dormimos como se estivéssemos fazendo a vigília. As vigílias harmoniosas correspondem a sonos harmoniosos; as vigílias desordenadas, sonos desordenados. Como dormem as crianças na sociedade dos filhos órfãos, uma sociedade de indivíduos majoritariamente insatisfeitos, angustiados pelo vazio existencial, que correm agitados e ansiosos para destinos imprecisos e escorregadios, uma sociedade que não repousa e que costuma se vangloriar desse ritmo? Margarita Blanco, especialista em neurofisiologia e presidente do Clube do Sono, deu uma resposta durante uma entrevista que lhe fizeram há algum tempo acerca do tema: "O ritmo desta sociedade deixa os pequenos superexcitados e lhes rouba horas de sono. A consequência imediata é o baixo rendimento diurno, que se traduz em problemas de comportamento e aprendizado."*

Matinês dançantes que começam impunemente em horários em que deveriam estar terminando; horários televisivos de proteção ao menor que são violados afrontosamente pelas televisões e irresponsavelmente pelos pais; cybercafés; casas de videogames e casas com cabines telefônicas onde crianças imberbes ficam até muito depois da meia-noite; meninas ou meninos que batem papo em

---

* Jornal *La Nación*, Buenos Aires, 8 de setembro de 2002, reportagem de Valéria Burriezza.

seus computadores (ou visitam páginas pornográficas, ou são abordados por pedófilos de todo o tipo, ou agridem uns aos outros ou são agredidos) enquanto seus pais fingem ignorá-los, aterrorizados pelo medo de dizer não, de impor limites e horários. Tudo isso acontece no momento em que um filho orientado, cuidado, conduzido no processo de formação deveria estar dormindo. Dores de cabeça e transtornos visuais (que já são sintomas cotidianos nos consultórios) estão entre as consequências mais leves desta desordem.

Muitos pais justificam a situação argumentando que eles e seus filhos não se veem o dia inteiro e que esse tipo de insônia é o momento do encontro. É compreensível e até deveria ser estimulada a existência desse horário no qual pudesse acontecer uma troca de relatos e experiências, de perguntas e respostas, de interações afetivas nutritivas. Mas este livro não apresenta hipóteses futuristas nem fantasiosas; baseia-se em registros do presente. Na grande maioria dos casos em que é proferida, esta justificativa é desmentida pelos fatos. O que de fato acontece nessas horas roubadas do sono é, predominantemente, o que descrevi linhas acima. Outros pais, mais sinceros, confessam sua impotência para assumir suas funções. "É impossível desligar a televisão quando estão apresentando tal ou qual programa", argumentam. Não é necessária muita astúcia para adivinhar que não se trata de um documentário ou de um programa com valor artístico, cultural ou informativo, mas sim de um lixo mental que já tem suficiente promoção e não precisa ser nomeado aqui. Quando um pai diz isso, já sabemos quem manda na casa, o lar é regido por um ditador infantil e o futuro se escurece de maneira inexorável.

Nossos filhos não têm de competir com Sócrates. A questão é que devem desenvolver a potencialidade de seu ser e que, neste processo, aprendam a optar por uma vida significativa e a construí-la. Poderão fazer isso como filósofos, como empregados, como médicos, como esportistas, como artistas, como comerciantes, como cientistas, como empresários — há tantas maneiras e caminhos como seres humanos. Acompanhar seu crescimento educando-os, orientando-os, frustrando-os para que desenvolvam recursos e vontade, incentivando-os para que transformem medos em determinação, é a maneira de ajudá-los a diferenciar desejos e necessidades. Seria desejável que (mesmo que apenas nisso) fossem socráticos. Seria muito bom para eles e para a sociedade que formarão amanhã mesmo. "A principal tarefa de um pai é sua própria construção como ser humano", dizem belamente Jaume Soler e Mercê Conangla (criadores de uma poderosa ferramenta de desenvolvimento humano conhecida como Ecologia Emocional).* Na medida em que, como adultos e pais, aprendamos a reconhecer nossas próprias

---

* Em *Amame para que me pueda ir*, livro que faz parte da trilogia *De la familia obligada a la familia elegida*, Amat Editorial, Barcelona, 2006.

necessidades, a não confundi-las com desejos, a construir sentido onde há vazio existencial, não apenas deixaremos de produzir filhos órfãos, mas também crianças enfermas.

Capítulo 8

Pais "amigos" dos filhos: uma confusão sem limites

Começarei este capítulo com algumas digressões de ordem pessoal que, embora possa não parecer, vêm ao caso. Eu estava então com 30 anos de idade e, em minhas sessões de terapia de grupo, costumava lamentar algumas decisões que meus pais haviam tomado durante minha infância (por exemplo, a mudança de Buenos Aires para Santiago del Estero), às quais atribuía influência em fatos de minha vida adulta que não me agradavam. Um dia, Estela Troya, minha terapeuta (cujo nome registro como homenagem e reconhecimento pelas ferramentas de vida que me ajudou a reconhecer e a usar), interrompeu aquelas lamúrias com uma frase breve, definitiva e exata: "Há decisões, a maioria delas, a respeito das quais os pais não consultam nem têm de consultar os filhos; simplesmente, comunicam-nas. E isso é tudo o que devem fazer."

Esse comentário não só me acalmou naquele momento, mas teve uma grande repercussão pelo resto da minha vida.

Ajudou-me em minha própria função de pai, fez com que começasse a rever e a consertar minha relação com meus pais e a transformar meu olhar em relação a eles e à vida que haviam me dado, e isso foi, com o passar dos anos, de grande utilidade para meu trabalho com pessoas.

Desde que me lembro, sempre quis escrever. Gostava de escrever tanto quanto de jogar futebol, ler ou ir ao cinema, outras de minhas paixões. Transformava minhas redações escolares em verdadeiros ensaios ou romances, me entretinha fazendo revistas manuscritas e sonhava, de uma maneira difusa, em ser jornalista, escritor ou algo assim. Na adolescência, enquanto essa vocação se confirmava, crescia a oposição de meus pais, de minha mãe em especial, que não viam futuro nessa escolha. De que viveria? O que era esse negócio de ser escritor ou jornalista? De onde eu tirara essas vaidades boêmias? Quem me daria de comer depois? Em minha família paterna, havia escritores e jornalistas, mas os antecedentes não funcionavam naquelas discussões que, à medida que se aproximava o final do ensino médio, se tornavam mais barulhentas e inflamadas. Eu sofria com elas como só um adolescente é capaz de sofrer.

Meu ingresso na faculdade de Filosofia e Letras para estudar Sociologia foi uma espécie de trégua. Dediquei-me com bravura a tentar encontrar simultaneamente um espaço no jornalismo (tinha 18 anos e estava novamente em Buenos Aires, embora desta vez sozinho). O final dessa história testemunha que consegui esse espaço, e que encontrei um lugar no mundo primeiro como jornalista, e, depois, como escritor. Naqueles anos queixosos de minha terapia, também censurava intimamente meus pais por terem colocado obstáculos em meu caminho ao invés de facilitá-lo. Hoje, só tenho em relação a eles uma profunda e eterna gratidão. Foram pais muito presentes, muito comprometidos com minha vida e a de meu irmão Horacio. Presentes para nos inculcar seus valores através de uma conduta, a deles, que podíamos comprovar todo o tempo. Eram honestos, trabalhadores, preocupados. Não hesitavam em nos impor limites e em nos castigar quando os desrespeitávamos. Perdi uma namorada que vivia em Santa Fé porque tive notas baixas em algumas matérias e me proibiram de viajar para visitá-la. Perdi alguns clássicos do futebol local porque transgredira normas da convivência. Deixei de jogar partidas de basquete fundamentais para minha equipe por razões semelhantes. Fomos os últimos de nossos conhecidos a ter televisão, não por castigo, mas porque meus pais não a consideravam necessária, prefeririam antes nos comprar bicicletas, roupas e livros. E assim como nos impunham limites e indicavam caminhos a seguir, também demonstravam confiar profundamente em seus filhos. Quando precisávamos comprar alguma coisa, íamos à caixa registradora da farmácia que eles tinham e pegávamos dinheiro. Sabiam que pegaríamos o justo e nos honravam com essa confiança. Quando pegávamos a mais, avisávamos e dizíamos qual era o destino do dinheiro.

Mesmo em anos difíceis, eles nos avisavam que sairíamos de férias, e se esforçavam para cumprir a promessa. Sabíamos o que aquelas férias haviam custado (em todos os sentidos) e, novamente, as honrávamos. Quando compraram seu primeiro carro (um Renault Dauphine), não nos perguntaram pela marca e modelo, mas, uma vez concretizada a compra, eles a anunciaram com felicidade. Sempre fomos informados do que acontecia em casa (também dos maus momentos e das más notícias). Sempre soubemos até onde participávamos de certas coisas e até onde não. Os limites eram claros e não os ultrapassávamos — e, se o fazíamos, pagávamos o preço. Quando crescemos, nos tornamos adultos autônomos, aprendemos a nos guiar por nós mesmos. Aos 18 anos, escolhemos as vidas que vivemos. Nossos pais não foram nossos melhores amigos, foram nossos melhores pais. Nenhum dos limites que nos impuseram impediu que nos sentíssemos amados por eles e que os amássemos. Ninguém pode me garantir que se eles, meus pais, tivessem incentivado minha vocação literária eu teria sido um escritor melhor ou, inclusive, se teria me dedicado a isto. Seu questionamento me mortificou naqueles anos, mas, hoje eu sei, me ajudou a confirmar minha escolha, a lutar por ela, a demonstrar que tinha recursos para sustentá-la e a desenvolver esses recursos. E tenho certeza de que ninguém tem mais orgulho do que eles por minha trajetória (sei porque me disseram isso com palavras e atitudes, não precisei adivinhar).

Nenhum terapeuta explicou a meus pais (e a tantos outros como eles) que não se deve fazer com que as crianças tenham voz nas decisões domésticas, que não lhes devem ser transferidas as responsabilidades por medidas que afetam a família, mas que, sim, deve-se mantê-las informadas a respeito de tudo aquilo que também diga respeito a suas vidas. Meus pais, e tantos outros, não leram livros para se inteirar de que não era sua tarefa se converter nos "melhores amigos" de seus filhos (nós dois), mas que estes deviam escolher seus amigos na escola, no clube em que nadavam e jogavam basquete, nas competições entre bairros, nas matinês do cinema, nos acampamentos de verão ou nos lugares onde se encontravam com colegas da mesma idade.

Mais que amigos, irresponsáveis

Peço desculpas a meus pais por tê-los trazidos até aqui e expô-los publicamente para abordar um tema que, hoje, é urgente e dramático. Não os convoquei porque fossem seres excepcionais, mas porque aprenderam a cumprir suas funções no cotidiano, lidando com a vida e com a criação de seus filhos, guiados pela intuição, confiando em sua convicção de nos formar com amor, com responsabilidade, com sacrifício e com presença. Foram uma mulher e um homem comuns, com dúvidas, com medos, com os tropeços das pessoas comuns. Precisava de um par de pais assim para falar do tema deste capítulo, e estavam tão perto em meu coração e em minha experiência que foi inevitável convocá-los. Como meus pais, muitos outros simplesmente se encarregaram dos filhos que trouxeram ao mundo, com tudo o que se encarregar significa como manifestação de responsabilidade e de amor. Muito provavelmente, encontraram-se com uma tarefa que, por vezes, os fez se sentir ultrapassados, com perguntas que os superaram, com dúvidas e culpas que administraram em silêncio. Cometeram erros, perderam a mão em mais de uma questão e foram portadores de um desconhecimento de princípios pedagógicos às vezes perigoso e às vezes enternecedor. Como meus pais, muitos outros pais não abdicaram de seus papéis nem de suas funções, não deixaram que o medo de seus filhos deslocasse o amor e não acreditaram que o amor deles precisava ser comprado.

Na realização de seus propósitos, na construção de uma vida que os deixasse em paz com eles mesmos, meus pais, como muitos outros, encontraram confirmações. Na sociedade dos filhos órfãos, o *amiguismo* paterno é um fenômeno devastador. Na sociedade dos filhos órfãos, que é a sociedade do consumo voraz, que é a sociedade da competição feroz, que é a sociedade do individualismo galopante, que é a sociedade do egoísmo militante, é a sociedade do progresso para lugar nenhum, do ser humano a serviço da tecnologia e da tecnologia a serviço da ganância e da ganância a serviço da desumanização, as pessoas vão perdendo, de maneira progressiva e constante, a noção e a vontade de dar um sentido a suas vidas. Embora já o tenha dito em outros capítulos, insistirei novamente, porque estou convencido de que enquanto vivem vidas sem sentido (não encontram sentido no trabalho, além do de acumular dinheiro ou pagar desejos efêmeros; não encontram sentido nas relações, porque não as aprofundam nem contemplam o outro; não encontram sentido no esforço, porque não têm um fim transcendente para o qual orientá-lo), as pessoas se tornam anêmicas em relação à responsabilidade. Tornam-se incapazes de responder à grande pergunta orientadora: "Para que viver?" Podemos nos aturdir de mil maneiras para não ouvir esta pergunta, mas jamais poderemos ignorá-la, pois ela é inerente à condição humana.

Quando nos esquivamos da resposta, iniciamos uma fuga desesperada *para trás*, para idades anteriores a que temos, para tempos já vividos. Fugimos para trás, a fim de parar o tempo. Ficamos horrorizados com a simples ideia de que um dia a morte nos pergunte: "O que você fez com sua vida?" e, assim, tratamos de fugir das Parcas de diversas formas. Pode ser através de rejuvenescimentos patéticos: cortes, implantes, injeções, tinturas, enchimentos, esvaziamentos, hormônios, Viagras, minissaias, carros esportivos. Pode ser através de relações fugazes, procurando transfusão de vigor em mulheres (sobretudo) ou em homens mais jovens, perseguindo-os apenas porque são jovens. Pode ser que o façamos também nos cercando de bens materiais desnecessários, como se estes fossem uma couraça contra o tempo. Ou colocando o dinheiro como meta, com a fantasia de que uma vultuosa conta bancária nos permitirá comprar tempo ou juventude. Talvez, enfim, acabemos nos entregando aos gurus espirituais que se oferecem para se encarregar de nossa alma angustiada sob a proteção de sua religião ou de sua prática milagrosa.

Nesta desembalada fuga para trás será quase inevitável que tropecemos com aqueles que avançam pelo caminho da vida: nossos filhos. O que fazer? Aceitamos a verdade, voltamos a nos encarregar de nosso destino e nos postamos diante deles, orientando-os? Ou nos mimetizamos com eles, nos enfiamos em suas fileiras confiando que o tempo, a vida e a morte não se darão conta e que passaremos despercebidos de modo que poderemos continuar "ganhando" tempo sem encontrar um sentido para a existência?

Um pobre retrocesso

Lamentavelmente, um percentual significativo de pais e mães parece ter optado pela segunda resposta. Confundiram amizade e amor no pior momento e lugar. Acreditam que um pai ou uma mãe demonstra seu amor ao se transformar em amigo (leia-se comparsa, cúmplice, confidente, colega, provedor de álibis) de seu filho ou filha. Empobrecem sua linguagem até reduzi-la ao vocabulário raso dos adolescentes (que, diminuídos pela internet e pelos meios audiovisuais, e alérgicos à letra impressa, balbuciam hoje apenas trezentas das 85 mil palavras do idioma espanhol, por exemplo). Disfarçam-se com roupas juvenis, a ponto de que haja pais e mães que se orgulham por compartilhar o guarda-roupa com seus filhos e filhas, como se isto fosse um mérito e não a confissão de sua patética involução. Quando são pais ou mães separados, não poupam seus rebentos do desfile de namorados e namoradas sazonais, de amantes transitórios ou do relato de suas andanças sentimentais, quando não sexuais, em uma abominável demonstração de "confiança" que esses filhos vivem amiúde como uma tortura emocional. Quando não estão separados, o pai de cada sexo, em outro lamentável exercício de "camaradagem", aponta a seus filhos e filhas aquelas candidatas ou candidatos que "são gatas" ou "gatos". Há pais e mães que tiram patente de "amigos" demonstrando a seus filhos que são tão roqueiros quanto eles e se infiltram no mesmo show, ao qual irão vestidos como seus filhos, pularão e gritarão com igual descontrole (real ou fingido) e respirarão a mesma fumaça de maconha ou beberão a mesma quantidade de cerveja ou energéticos. Há os pais amigos que trocam seu carro por um da marca ou modelo que seus filhos exigem ("Porque hoje em dia os jovens sabem mais que você.") e depois deixam o automóvel nas mãos desses mesmos filhos sem averiguar como será usado nem para quê (são cotidianas as tragédias provocadas por esta conduta paterna irresponsável). Os pais "amigos" dos filhos não se sentam com eles para ver televisão e expor uma visão crítica e orientadora de certos programas ou para colocar um limite fundamentado, mas o fazem para rir das mesmas piadas estúpidas (geralmente piadas machistas do nível mais baixo, a cargo de comediantes ignorantes, incultos e populistas) ou para compartilhar comentários tristemente "engenhosos" enquanto se intoxicam juntos com a porcaria da vez. Há pais e mães "amigos" que redobram as críticas e queixas de seus próprios filhos à escola e que se divertem com eles repetindo os apelidos (sempre humilhantes) dos professores.

Uma das versões mais elegantes e sofisticadas deste coleguismo empobrecedor é a da súbita adoração e demonstração de cega reverência à suposta genialidade das crianças e adolescentes por sua habilidade na operação das "novas tecnologias" (computadores, mp3, iPod, equipamentos de som). "Elas sabem das coisas" é uma típica e abobalhada frase de admiração por esse saber, que, na verdade, é uma simples habilidade, como a que desenvolvem os macacos submetidos a testes de laboratório, habilidade que os pais "amigos" poderiam usar perfeitamente se não tivessem perdido sua própria capacidade de aprender e de liderar o crescimento e a educação dos filhos. Esta submissão incondicional ao "pequeno gênio" contribui para a transferência de poder no vínculo. Os pais se autoeliminam do processo evolutivo e humilham a si mesmos tanto quanto à memória que eles encarnam, à época da qual vêm e a sua função de ser transmissores de saber, de conhecimento. "Esse ser idiota incapaz de lidar com um simples aparelhinho não tem mais nada a me ensinar, nem tem autoridade para me falar de sua época, que certamente era chatíssima", pensa o precoce "gênio infantil" ou adolescente, estimulado pelos fatos. Os tecnocratas sabem perfeitamente que a nova tecnologia deve ser cada vez mais simples (não está distante o dia em que a experimentarão de fato com macacos antes de lançá-la no mercado dos humanos), embora deva parecer complexa para que o usuário sinta que, ao aprender a manejá-la, dará provas de uma ilusória inteligência ou superioridade (neste caso das crianças em relação aos pais).

Cria-se assim o fenômeno pelo qual os filhos acreditam estar ensinando e assessorando seus pais, e a tal ponto acreditam nisso que começam a se ver acima destes e até com o direito de desqualificá-los, inclusive publicamente. Isto é autorizado pelas atitudes de muitos pais, convencidos de que seus filhos estão lhes abrindo "mundos desconhecidos". E a esta confusão se somam opinólogos e comentaristas sociais que discorrem quase triunfalmente, anunciando a caducidade irremediável das "velhas relações pai-filho".* Na

---

* Pode-se ler sobre isso em uma ilustrativa reportagem, motivada pelo Dia dos Pais, intitulada "Cuando los hijos son los que dan consejos a los padres", publicada em 17 de junho de 2007 pelo jornal *La Nación*, de Buenos Aires, e assinada por Franco Varise.

verdade, essas relações nunca serão "velhas" nem "novas". Simplesmente obedecem a ciclos evolutivos de ordem orgânica e psicológica, e podem adequar seus modos, mas não sua essência. No essencial, são relações assimétricas, nas quais os pais antecipam, orientam, educam, limitam, frustram, incentivam, acompanham, apoiam, condicionam e fornecem instrumentos a seus filhos. E isto não é reversível. Funciona apenas desta maneira e não ao contrário.

Ninguém vende amor

Da minha observação e experiência, deduzo que o estereótipo de "pai-amigo-camarada" abdica de suas funções limitadoras e orientadoras guiado por seu próprio medo de crescer e enfrentar as responsabilidades de adulto e também impelido pela fictícia crença de que o amor é um bem negociável. Em uma sociedade em que existe a crença, confirmada por condutas, de que tudo pode ser comprado e vendido, estes pais imaginam que suas atitudes *amiguinhas* terão como resultado o carinho dos filhos e também sua admiração. O sacerdote beneditino alemão Anselm Grün, um imprescindível pensador, orientador e escritor voltado a temas filosóficos e espirituais, enfrenta esta crença com um parágrafo definitivo: "Os filhos não apenas *precisam*, mas também *desejam* ter pais que lhes digam claramente o que querem. Uma vez esclarecido isto, podem lutar contra eles.

Mas muitos pais têm medo desta ideia. Querem mostrar unicamente compreensão e, em última instância, sentir a compreensão dos filhos, em vez de encarar com seriedade seu papel de pai ou mãe (...) Se sempre se limitam a falar e a mostrar compreensão, isto sobrecarrega os filhos. Os pais falam, em última instância, a seu próprio eu infantil, mas não a seus filhos. Os filhos querem limites para serem testados em contato com estes e afirmar-se diante dos pais. Isto exige a disposição dos progenitores para enfrentar a discussão e, em caso de conflito, permitir que sejam chamados de *antiquados e absolutamente tolos*."*

Sobram testemunhos, todos muito claros, acerca do que acontece quando os pais omitem os limites. O limite é inerente à condição humana: nosso tempo de vida é limitado, nossas capacidades físicas são limitadas, nossa experiência histórica, cultural, geográfica é limitada. O teólogo e filósofo Heinrich Fries, citado por Grün, recorda que "a esta vida são dados limites por meio de desgraças, catástrofes naturais, ameaças por parte dos homens, sofrimentos e enfermidades do corpo e da alma". Este lembrete, observa Grün, longe de ser negativo, nos diz que, graças a eles, conseguimos saber quem somos.

Essa ideia existencialista converge com a de Viktor Frankl, segundo a qual a verdadeira liberdade é a gerada a partir dos condicionamentos e dos limites, pois estes nos

---

* Em *Limites sanadores*, Editorial Bonum, Buenos Aires, 2005.

colocam diante da intransferível situação de ter de optar. Os limites nos obrigam a escolher e a assumir nossas escolhas. Eles nos transformam em seres responsáveis, nos recordam de nossa humanidade, nos dizem que não estamos sozinhos no universo, que nossas ações têm efeitos, que existe o mundo, que existem os outros. Como dizem Jaume Soler e Mercé Conangla em *Ámame para que me pueda ir*, "temos liberdade porque temos limites. Para sair dos limites, é preciso tê-los e conhecê-los. De fato, rebelar-se consiste em se opor a um sistema de limites e escolher outro. Nossos filhos terão de refazê-los, superá-los ou redefini-los em um trabalho de amadurecimento pessoal. O resultado desse trabalho será uma pessoa que poderá gozar a vida, dar amizade e amor, e sentir-se mais equilibrada e mais segura de si mesma".

A relação dos pais com seus filhos é, por natureza, um vínculo assimétrico, desigual, em plano inclinado. Os pais estão colocados, cronologicamente, antes dos filhos; viveram experiências que estes desconhecem (além do mais, se os ciclos vitais forem cumpridos sem alterações, chegarão antes à experiência da morte). Os pais têm uma responsabilidade especial sobre a vida dos filhos, especialmente na etapa infantil e juvenil. Os pais, pelo que foi mencionado até aqui, estabelecem as regras e ordenam o mundo para o crescimento de seus filhos, limitam o espaço desse crescimento para torná-lo nutritivo, seguro e fecundo.

A cumplicidade, a amizade entre iguais, a parceria é uma anomalia, uma incoerência e um sério perigo neste contexto. Desvirtua um processo natural e necessário. Nesta vida (deixemos para outro momento e lugar a digressão sobre vidas futuras e passadas), cabe aos pais serem pais de seus filhos e aos filhos cabe serem filhos de seus pais. Os pais que, para resolver de maneira falha suas próprias questões existenciais, se refugiam na "amizade" com seus filhos, causam a estes um dano tão profundo quanto injusto. Impedem-nos de crescer, de se conhecer, de desenvolver seus recursos confrontando os condicionamentos. Não os ajudam a escolher uma vida própria (servem-lhes de bandeja uma que pode ser tanto prazerosa quanto pobre). Incapacitam-nos para a responsabilidade. E embora esperem obter amor, admiração e respeito em troca disso, muitas vezes (tantas que de fato nos deixa inquietos) encontram a indiferença, o desprezo sutil ou claro ou o distanciamento, quando não a reprovação pura e simples. É que o amor, a admiração e o respeito não se vendem, de maneira que toda ação destinada a comprá-los está fadada ao fracasso ou à aquisição de um placebo.

O limite que os pais deixam de definir com autoridade, presença e amor no momento oportuno e de maneira adequada, os filhos procurarão (às vezes com resignação, outras com ansiedade e desespero) por conta própria. Mas uma criança e um adolescente não estão capacitados para fixar seus próprios limites (senão, para que precisariam de pais ou adultos significativos, para que precisariam ser educados ou orientados?). O que acontece, então, é que se estatelam contra obstáculos impiedosos e trágicos: acidentes, vícios, problemas de saúde, problemas com a lei, experiências sexuais traumáticas, vínculos perversos, disfuncionais, promíscuos ou patológicos. O ser humano é um ser limitado, como sua experiência existencial demonstra desde sempre, de maneira que o limite haverá de aparecer inevitavelmente (embora os impunes e pouco sérios criadores publicitários nos ofereçam permanentemente velocidade, prazer, sensações, lucros, sexo ou o que for "sem limites"). Quando a evidência do descontrole é inocultável, costumamos ouvir uma frase recorrente na boca dos pais: "Não sei mais o que fazer; não entendo em que momento meu filho escapou das minhas mãos." Provavelmente nunca souberam o que fazer e, se o souberam, temeram fazê-lo. Por outro lado, não pode escapar das mãos de alguém algo que jamais foi sustentado por elas.

A presença necessária

Deve-se concluir, então, que é necessário manter distância dos filhos, evitar os espaços de troca de confiança com eles, não compartilhar atividades e tampouco pensamentos, relatos das próprias experiências, confidências? De maneira nenhuma deve ser assim. Os filhos precisam da presença próxima dos pais, mas não no papel de cúmplices, e sim de orientadores. Precisam que aqueles que passaram por experiências (os adultos) ainda alheias aos ciclos evolutivos deles (os filhos) façam dessas experiências referências, que as transmitam como ferramentas de aprendizado e crescimento. Necessitam dos adultos como adultos, não como seres anacrônicos e imaturos, porque disso depende que aprendam a perceber a si mesmos como elos de história, de tradições, como parte necessária da continuidade da vida e da espécie. Quando não acontece assim, quando os adultos se infantilizam estúpida e desnecessariamente, as crianças e adolescentes começam a acreditar que não houve nada de valioso ou recuperável antes deles, descreem que vá haver algo depois, ficam presos a um presente sem evolução, não desenvolvem recursos próprios, não amadurecem. Necessitam de seus pais para ouvir a palavra *não* e valorizar em toda sua dimensão a palavra *sim*, para conectar-se com seus ancestrais e ser acompanhados nas novas experiências (algumas desconcertantes e dolorosas) que a vida irá lhes propondo como parte do processo de seu desenvolvimento.

Andrea Fiorenza, diretor do Instituto de Terapia Breve e Estratégica de Bolonha, Itália, recomenda aos pais "autoridade sem autoritarismo, observar e fazer o papel de guia. Não é possível dar ordens absurdas como 'Seja independente!' É impossível ser independente por ordem e mando. O conflito entre gerações é algo saudável, que deve existir. Se não, o filho jamais voará com as próprias asas! Não é negativo que os pais apresentem aos filhos uma dificuldade por dia. Uma por dia, para que a supere, aprenda e ganhe em autoestima. Do contrário, ficará em casa para sempre".* Na sociedade dos filhos órfãos, é um fato frequente, quase "natural", que tremendos adultos de quase 30 anos de idade (ou mais) ganhem seus próprios salários, tenham seus carros, se achem muito "independentes" e, apesar de tudo isso, continuem vivendo com seus pais sem ter aprendido a fritar um ovo, a lavar uma cueca ou uma calcinha, transformados no que Jung chamava de *púberes eternos*, adolescentes perenes que crescem por fora enquanto interiormente (no psíquico e emocional) continuam sendo meros bezerros que precisam ser amamentados. Seus pais ou continuam precisando dessa presença por causa de sua própria imaturidade como pessoas (não importa quão bem-sucedidos sejam socialmente) ou, agoniados por semelhante presença anômala, não se atrevem a dizer "basta" porque, ao longo de toda a vida em comum nunca o disseram, nunca estabeleceram um limite nem uma orientação. O próprio Carl Jung escreveu: "A humanidade continua, do ponto de vista psicológico, em um estado infantil. A maioria necessita de autoridade, de direção e de lei."**

---

* Entrevista ao jornalista espanhol Víctor Amela publicada no livro *Algunas cosas que he apreendido*, Ediciones Deusto, Barcelona, 2005.
** *Obra básica*, volume 3, Ofen, Friburgo, 1984, citado por Rüdiger Dahlke em *Las etapas críticas de la vida*, Plaza & Janés, Barcelona, 1999.

Mas acontece que quem deveria exercê-las e marcá-las para permitir um desenvolvimento saudável e nutritivo protagoniza hoje uma desistência massiva. O resultado está sintetizado com dramática lucidez pelo grande médico naturista Rüdiger Dahlke em seu livro *Las etapas críticas de la vida*, um extraordinário estudo sobre os ciclos evolutivos do ser humano. Dahlke observa com preocupação a ausência dos adultos como coordenadores de rituais de crescimento e transição, como orientadores da evolução, como referências espirituais; diz que vivemos em "modernas sociedades infantis" nas quais se produz uma aglomeração na fase da puberdade (a que multidões de adultos patéticos lutam para voltar, assustados com a vida adulta) e na infância (que legiões de crianças não são ajudadas a ultrapassar). Assim, se infantiliza a moda, o sexo se estanca (para jovens e adultos) em uma obsessiva, boba e simples etapa adolescente e masturbatória, há comida infantil para todos (os adultos aprovam os estabelecimentos de junk food), a televisão é uma babá infantil sem distinção de idades (de dia se encarrega de educar e entreter as crianças enquanto à noite os adultos aparecem para compartilhar os mesmos conteúdos imbecis e imbecilizantes, quando não perversos e tóxicos), os parques temáticos se reproduzem pelo mundo e são frequentados por adultos tão desesperados quanto as crianças (justamente a desculpa deles) para tentar submergir no aluvião de placebos e arremedos de infâncias e puberdades perdidas ou não vividas. Esses bebês adultos — como os chama Dahlke — entregam seu dinheiro em troca de mamadeiras e chupetas para adultos, em troca de que lhes permitam viver experiências infantis. O problema é que aquilo não termina ali; estes espaços são apenas um reflexo da vida cotidiana, onde os adultos se recusam a crescer e, enquanto esperneiam, se aferram a seus filhos, disfarçando-se de "amigos" e também os impedindo de crescer.

Qual é o motivo desta obstinada fuga das próprias responsabilidades? Onde nasce o medo de colocar limites e estabelecer as necessárias distâncias entre as gerações? Jaume Soler e Mercé Conangla, que têm avaliações com as quais concordo enfaticamente, encontram as seguintes razões para que os pais não eduquem seus filhos através da imposição de limites: por falta de tempo, e pressa; por comodidade (para não criar problemas, para dedicar-se a si mesmos ou porque é mais fácil); pela crença de que não é seu papel, que a escola se ocupará disso; por medo de enfrentar os filhos, ser considerado "mau pai" e não ser amado por eles; para não "lhes causar traumas"; para não condicioná-los em um respeito mal-entendido; ou por um falso sentimento de bondade ou generosidade (às vezes para compensar sentimentos de culpa).*

---

* Em *Ámame para que me pueda ir*, Amat Editorial, Barcelona, 2006.

Nesse mesmo trabalho, esses especialistas em ecologia emocional recordam que os limites previnem transtornos de comportamento e ajudam a criar pessoas mais seguras de si, mais equilibradas, com mais capacidade de empatia e de solidariedade, mais generosas. Os limites não provocam traumas, mas assentam bases relacionais perfeitas e são necessários, como sublinham Soler e Conangla, para a definição de um espaço de crescimento no qual a criança possa se desenvolver com segurança; para definir padrões de comportamento que permitam uma melhor adaptação ao entorno humano e ecológico; para regular a convivência diferenciando os espaços próprios dos espaços dos demais; para facilitar o autocontrole emocional; para favorecer a construção do sentido moral individual fomentando valores como liberdade, respeito e responsabilidade; para permitir o trabalho de transcender esses limites, mudá-los, criar outros novos, revisá-los e recuperá-los quando se acreditar que é conveniente; e para prevenir patologias emocionais posteriores.

Amor e autoridade, não controle

A ferramenta indispensável para o estabelecimento de limites é a autoridade. A autoridade é adquirida através da coerência e da responsabilidade. Quando a linha que une as emoções, os pensamentos e as ações apresenta relação e se manifesta em atitudes, os pais geram sua própria autoridade e esta jamais será questionada. E haverá limites. Limites e controle não são sinônimos, e menos ainda neste caso. Os pais que colocam limites e são coerentes com eles não precisam controlar seus filhos (o controle é uma das desculpas dos pais inseguros que correm para comprar celulares para os filhos). O controlador é sempre um controlado. Vive a mercê daquele a quem controla, não pode nem pestanejar e, se o controlado escapa de seu olhar por um segundo, sobrevém o desalento.

O amor não pode ser de maneira alguma uma desculpa para se tornar "amigo" dos filhos ou para desertar da função de lhes estabelecer limites, de definir orientações, de ajudá-los a crescer por meio da confrontação com os condicionantes naturais da vida. Quem acredita que ao suprimir todas as barreiras dá uma prova de amor, está desconhecendo a verdadeira dimensão e o autêntico sentido desse sentimento. Está esvaziando-o de conteúdo. Não há contradição (pelo contrário) entre amor e limites, entre amor e códigos, entre amor e normas. Não há melhor demonstração de amor diante do filho que educamos do que estabelecer coerência entre nossas palavras e nossas condutas, do que ensiná-lo através de nossas ações. É preciso amar muito um filho para assumir a responsabilidade de frustrá-lo, de limitá-lo, de orientá-lo mesmo a custa de confrontações. Para isso é necessária uma enorme dedicação, um profundo compromisso. E, ainda que não desistam de seu esperneio, de seu protesto e de seu mau humor, esse filho, essa filha, saberá, no fundo (e acabará por dizê-lo e reconhecê-lo em um momento avançado do vínculo), que foi objeto de atenção, de acompanhamento. Que foi respeitado como sujeito em uma relação de amor.

É muito mais fácil se fazer "amigo" dos filhos, transgredir com eles, não se ocupar de orientá-los, de impedi-los ou de reorientá-los, não se opor a eles. Dá menos trabalho, leva menos tempo, requer menos responsabilidade, permite que a pessoa se ocupe mais de si mesma e de seus próprios desejos e prioridades. Tem muito a ver com o egoísmo e quase nada a ver com o amor. Como bem disse a psicopedagoga Elvira Giménez de Abad, em um livro cheio de sensatez e lucidez,* "a criança não se adapta naturalmente às normas de seus pais ou da escola. O amor que sentimos por ela a ajudará muito nesse processo, mas é preciso praticar, respeitar e inculcar estas normas. Sempre será melhor se isto for realizado em um ambiente de amor e respeito mútuo".

A autoridade, o estabelecimento de limites, a demarcação de normas, territórios, espaços e códigos, não terão como resultado filhos submissos. Não há nada a temer a respeito. É da natureza básica do crescimento e do amadurecimento humanos o encontro com todas essas condições. De fato, a história da espécie foi iniciada com um

---

* *Cómo poner limites a los hijos*, Paidós, Buenos Aires, 2007.

ato de desobediência. Expulsos do Paraíso por comerem a maçã proibida, Adão e Eva deram início ao caminho do conhecimento. Esse caminho é nossa história. Há uma versão daquele relato inicial, segundo a qual, uma vez expulsos os pecadores, Deus e a serpente piscaram o olho um para o outro como se dissessem: "Missão cumprida." Sou adepto dessa versão. Sem o limite, sem a norma, sem a delimitação, nada teria incentivado Adão e Eva a se mover de sua comodidade original, na qual não tinham nada com que se preocupar, nada tinham a aprender, nenhum risco os espreitava. Teriam sido púberes eternos, indiferentes a qualquer necessidade, ao crescimento, ao conhecimento. Sem a norma, sem a frustração, sem o limite, não teríamos existido, teríamos perecido indefesos e imaturos diante do primeiro cataclismo sério de qualquer tipo. Privar nossos filhos disso é deixá-los na pior orfandade, vulneráveis, frágeis, falsamente felizes em um paraíso igualmente ilusório. O perigo é duplicado quando também os pais se incluem como habitantes, igualmente crédulos, desse Éden artificial. Aí já não restam esperanças e o último que sair deve apagar a luz.

O FASCISMO MAL-ENTENDIDO

A propósito de tudo que foi dito, vem ao caso falar de Emilio Calatayud, de 52 anos, Juiz de Menores em Granada,

Espanha. Trata-se de um homem famoso e muito respeitado em todo o país. Pronunciou milhares de sentenças desde que assumiu o cargo, em 1990. Enfrenta adolescentes verdadeiramente duros e difíceis. Violentos, delinquentes, provenientes de todas as classes sociais e níveis econômicos. Suas sentenças são lendárias: manda-os cuidar de anciãos, estudar, escrever, varrer praças e ruas, lidar com refugiados. Muitos desses jovens o odeiam quando estão nessas circunstâncias e, no entanto, ao virar adultos procuram-no para agradecer e abraçá-lo. Calatayud é um homem íntegro, mas não é brando. Viu de tudo, e ainda assim se confessa preocupado com uma tendência que observa na sociedade contemporânea: a debandada adolescente e juvenil, a crescente violência comportamental nessas idades. "Em sua opinião, qual é a razão disso tudo?", perguntou-lhe o jornalista Víctor M. Amela. A resposta: "Fácil: dê à criança tudo o que ela lhe pede, não a obrigue a fazer nada em casa, não denuncie nem castigue seus maus comportamentos, desautorize seus professores..."* Para Calatayud, "os pais de hoje têm pouca autoridade perante os olhos dos filhos (...) Uma criança precisa de pais, e um pai é alguém que estabelece limites, que diz: 'Filho, eu gosto muito de você e é por isso que agora lhe digo NÃO.'" Quando lhe perguntam se

---

*Jornal *La Vanguardia*, Barcelona, 10 de junho de 2007.

essa é sua atitude pessoal com seus filhos, responde: "Sim, há bate-boca, mas exerço meu papel de pai."

O juiz disse, finalmente, o que é necessário dizer: "Por medo de dar a impressão de que são fascistas, muitos pais não se atrevem a impor limites a seus filhos. E, querendo ser seus colegas, permitem que fiquem órfãos!" A pedagogia do *amiguismo* incentivada por pedagogos, especialistas, consultores e orientadores que procuram fazer proselitismo e "*best-sellerismo*" entre os pais a partir das distantes torres de marfim em que elaboram seus tratados de puericultura ou de educação, sem se confrontar jamais com crianças e adolescentes reais em situações reais (nisto coincidem com a maioria das autoridades educacionais), se soma a questões de sua própria experiência mal processadas pelos próprios pais. Isso tem consequências fatais quando se acrescenta a elas um dogma ideológico parido à luz da grande confusão mental e intelectual destes tempos, dogma segundo o qual tudo o que exige esforço, sacrifício, valorização e recuperação de ferramentas e condutas de tempos pretéritos, a confrontação como modo de resolver criativamente a diversidade, é considerado "reacionário" ou "conservador". Se aposta, por outro lado, no "progresso", na medida em que este remeta ao light, ao ligeiro, ao descafeinado (na mesa e na vida), àquilo que gratifica sem esforço, sem que seja necessário ceder para ter.

Acontece, então, o que Calatayud define sem meias palavras. O fascismo verdadeiro, aquele que provoca tragédias humanas reais, sempre foi consequência da permissividade temerosa, da abdicação pusilânime, da dúvida a respeito da solidez e da legitimidade das próprias convicções. No plano político, quando isso acontece, aparecem pessoas como Hitler, Mussolini, Franco, Bush, Chávez, além das heterogêneas juntas militares, as "mãos de ferro" que substituem os limites necessários, oportunos e sanadores que outros temeram estabelecer. Então, as sociedades ficam arruinadas e sucumbem (nós, argentinos, conhecemos bem isto em versões violentas e populistas de interminável persistência). Mecanismos do mesmo tipo também podem acontecer no plano da vida familiar.

Enfim, quando os pais disfarçam sua responsabilidade com a máscara da "amizade" e empreendem a fuga desesperada que esvazia de significado sua própria condição, o amor e a esperança morrem tristemente.

Capítulo 9

Transformar-se em pais e mães de nossos filhos

Somos obrigados a ser pais e mães? Este é um requisito fundamental da condição do homem ou da mulher? Durante séculos, ninguém se atreveu a se fazer tal pergunta. Diante do credo inquestionável da família como célula básica da sociedade, esta interrogação atentava contra a natureza. O casamento (e sua consequência imediata e inevitável, a família tal como foi originalmente concebida em nossa cultura) nasceu para organizar as filiações e as heranças. Sem uma convenção coletivamente pactuada que permitisse saber quem era o pai das crianças que nasciam e aonde iriam parar os bens das pessoas que morriam, a Humanidade talvez não tivesse sobrevivido; teria devorado a si mesma há muito tempo em sangrentas disputas. A família teve inicialmente, pois, um motivo imunológico e organizador, e o cumpriu à perfeição. A essa função básica se somaram a de transmitir hábitos, crenças, mandatos, tradições. Para o cumprimento dessas atribuições, eram importantes certos acordos, a criação de uma base de acatamento ("honrarás pai e mãe" etc.) e a conformação de uma atmosfera que permitisse a convivência de uns com outros, assim como manifestar o afeto que nasce da coexistência voltada para um fim comum. Embora a família nascesse a partir de dois indivíduos fundadores, nesta concepção jamais os indivíduos eram mais importantes que o grupo. A família escolhia e decidia os destinos pessoais de todos os membros, e inclusive muitas famílias chegaram a se tornar grupos especializados (artesãos, agricultores, comerciantes, profissionais).

O amor não era um ingrediente fundamental deste cozido. Os filhos amavam seus pais porque eram seus pais e os pais amavam seus filhos porque eram seus filhos. E isso não se discutia (nem era necessário) pensar muito a respeito. De um homem se requeria capacidade de trabalhar, de prover e de cumprir com suas obrigações. De uma mulher, abnegação para a criação, para a nutrição e para as tarefas domésticas. Cumpridos estes requisitos, ambos eram considerados aptos para iniciar a tarefa. Depois viriam os filhos, e assim até o infinito. Apenas a morte se permitia propor mudanças nos elencos. O amor individualizado, a paixão, a escolha do sujeito amoroso e outras pulsões ameaçadoras se exilavam nos relatos românticos, nas lendas, na literatura, na poesia, na mitologia, no teatro. Lá surgiam seres extraordinários se amando (e sofrendo de amor) de uma maneira extraordinária. Os homens e mulheres comuns simplesmente construíam famílias e levavam-nas adiante diligente e obedientemente. Ser pai e ser mãe era uma obrigação a partir de certa idade. Um mandato social, familiar e ideológico do qual só era possível se livrar em troca da entrega da própria vida a uma causa maior que aquela (geralmente religiosa). A transgressão em outras condições equivalia à exclusão.

Nascimento do indivíduo

Levou vários séculos e foi necessário avançar bastante no século XX para que se instalasse a noção de indivíduo e para que esta designasse uma entidade autônoma, única, irreproduzível, inédita e respeitável. De fato, a Convenção Universal dos Direitos Humanos (uma síntese elevada dessa concepção) só foi assinada em 1948. Quanto mais emergiu o indivíduo do grupo familiar, mais nitidez e força adquiriram valores e sentimentos como o amor. Este deixou de ser uma abstração mística sem sujeito, para se materializar, em troca, em seres concretos e converter-se em uma construção, produto da interação entre indivíduos reais. As pessoas começaram a se perceber e a se desejar como tais, e a eleger-se a partir do registro do outro como alguém pontual e específico. Já não eram apenas obedientes e mecânicas executoras de um mandato e de um modelo a cuja concepção inicial haviam estado alheios; agora, também lhes cabia se perguntar *para que* se escolhiam e, na exploração da resposta, desenvolviam projetos próprios, nascidos, muitas vezes, de paixões compartilhadas.

Este processo, rapidamente esboçado aqui, trouxe ao lado dele o questionamento dos estereótipos de gênero (homem = produtor, provedor, protetor, potente; mulher = criadora, alimentadora, receptora, educadora), e provocou a revolução sexual dos anos 1960, os movimentos de liberação feminina, novas interações de casal e, por fim, a crise do modelo familiar único e indiscutível que prevalecera até então. Hoje a palavra família evoca em cada pessoa uma experiência própria. Há famílias tradicionais, monoparentais, reunidas, agregadas, institucionalizadas, famílias de fato, famílias lideradas por homossexuais etc. "O que é hoje uma família e onde iremos parar?", perguntam-se com angústia alguns tradicionalistas.

A resposta é a seguinte: uma família é qualquer um desses modelos. E não há motivos pra reduzi-la a um padrão único. Todas essas conformações não deixam de ser células básicas da sociedade, à medida que a refletem, que dão conta de suas transformações. Assim como em cada pedaço de um holograma vemos a figura completa, em cada expressão familiar temos o quadro da sociedade contemporânea. Se quisermos compreendê-la e explicá-la, será impossível prescindir de qualquer uma dessas peças. Em todo caso, seria desejável que pudéssemos concordar em um ponto: a aspiração de que a família seja, antes de mais nada, um lugar de respeito, de estímulo para o desenvolvimento das melhores qualidades de cada um, um encontro enriquecedor de diferenças, um lugar no qual cada um se veja respeitado pelo que é, um espaço no qual possa nascer, viver e morrer tendo encontrado um sentido para a experiência, uma escola de amor feito verbo.

"A família vindoura deverá se reinventar uma vez mais." Com estas palavras Elisabeth Roudinesco, historiadora francesa da psicanálise, finaliza seu apaixonante trabalho *A família em desordem*. Antes, ela recorda que a família é sempre uma construção humana, na qual associam um fato da Natureza (a reprodução biológica) com acontecimentos culturais, como o são a aliança de duas pessoas (em princípio, um homem e uma mulher) para garantir a transmissão de patrimônios, conhecimentos, mandatos, atitudes, filiações. Em todas as sociedades e em todas as culturas — salienta Roudinesco —, "os homens, as mulheres e as crianças de todas as idades, todas as orientações sexuais e todas as condições a amam, a sonham e a desejam (a família)". Por isso, ela insiste, não deveriam temer aqueles que tremem diante de sua possível destruição ou dissolução. Tampouco os pessimistas que vislumbram uma civilização devastada "por bárbaros bissexuais, clones, delinquentes suburbanos, pais transviados e mães vagabundas". Em que se assenta a convicção da pesquisadora? Entre muitos e minuciosos argumentos, em sua observação de que a família é o único valor seguro ao qual ninguém quer renunciar e em que, com suas complexas características, "a família contemporânea comporta-se bastante bem e assegura corretamente a reprodução das gerações". Uma das particularidades notáveis que Roudinesco observa hoje na família é que ela "converteu-se em um modo de conjunção afetiva mediante o qual os esposos — que, às vezes, decidem não ser pais — se protegem das eventuais perfídias de suas respectivas famílias ou das desordens do mundo externo".

Famílias de dois

Concordo e me parece fundamental este último pensamento de Roudinesco, pois responde à pergunta inicial do presente capítulo. Podemos construir uma família, entendida como um espaço de comunicação afetiva e de enorme fecundidade, em numerosos aspectos, sem sermos obrigados a nos transformar em pais ou mães. A renúncia à paternidade ou à maternidade é uma decisão muito respeitável daqueles que a tomam, se conecta com a construção de uma vida escolhida e em nada diminui seu valor como indivíduo. "Hoje mais pessoas entendem que os filhos são uma maneira de deixar um legado e que existe uma infinidade de outros caminhos para viver uma vida rica e plena. Mais e mais pessoas sentem que a escolha de não reproduzir é legítima e respeitável, e que desejar filhos não é, forçosamente, parte do destino de todos os indivíduos." Assim afirma a escritora e consultora psicológica Laura Carroll em seu livro *Families of Two* [*Famílias de dois*], um comprometido ensaio sobre o tema que inclui exaustivas entrevistas com vinte casais que são felizes sem filhos.

Carroll cita Leslie Lafayette, que, em seu trabalho *Why Don't You Have Kids* [*Por que você não tem filhos*], observa: "Provavelmente vivemos na era mais *pró-natalista* da história da nossa sociedade." A sociedade — concorda Carroll — "pressiona para que nos reproduzamos. A maternidade e a paternidade biológica são muito mais valorizadas e facilitadas do que qualquer outra forma de criação e nutrição. A maternidade e a paternidade são, em nossa sociedade, uma das partes mais celebradas da vida".

E, no entanto, insisto: não é obrigatório ter filhos, sobretudo quando os temos apenas para responder a pressões, a mandados, a fantasias que não foram prévia e responsavelmente analisadas. Criar uma vida, trazê-la ao mundo, talvez seja o ato humano que requeira o mais consciente, maduro e acabado exercício da responsabilidade. Se a responsabilidade é a faculdade de responder (de corpo presente, com atitudes e ações) às consequências dos próprios atos, decisões e escolhas,* não pode ser mais claro até que ponto isto é crucial quando o fruto desse ato, dessa escolha e dessa decisão é um filho.

---

* Estendi-me mais sobre este valor em meu livro *Elogio de la responsabilidad*.

Todos os filhos são escolhidos. Alguns a partir do amor e da responsabilidade consciente. Outros do descuido, da negligência, da manipulação (para "prender" alguém em um vínculo ou para evitar que esse vínculo acabe), do egoísmo (o de quem quer um filho para atender a uma veleidade pessoal, mas o quer, por exemplo, sem que haja um pai), ou do mais absoluto desleixo ("ela é que deve se cuidar"). Não há forma de *não* escolher, nem neste nem em qualquer aspecto da vida. Só os animais ignoram o sentido de seus atos, os executam de maneira repetitiva e com um fim pontual de sobrevivência e perpetuação, como diz a logoterapeuta alemã Elisabeth Lukas (discípula e sucessora de Viktor Frankl) em *Paz vital, plenitud y placer de vivir*. Somos humanos por nossa dimensão espiritual, que inclui em nossos atos a noção e a necessidade de sentido. Quando anestesiamos este espaço do ser, a vida se converte em um absurdo e, desse absurdo, nasce a angústia. Estamos afortunadamente presos nas redes da consciência e, ainda que apaguemos sua luz, nunca conseguiremos eliminar o que esta ilumina quando é acesa. Somos livres porque escolhemos, e *sempre* escolhemos embora nos neguemos a aceitá-lo e prefiramos transferir a responsabilidade. No entanto, a responsabilidade é sempre intransferível. Não há ato humano que não seja uma escolha: mesmo quando somos vítimas de catástrofes naturais ou de acidentes alheios a nossa vontade, ou nos atormenta a ação destrutiva de humanos, nossa resposta a esses fatos é sempre uma escolha. Aí reside nossa liberdade inalienável, a verdadeira. E como queria Jean Paul Sartre, somos prisioneiros de nossa liberdade.

A SEMENTE E A ÁRVORE

De maneira que quando se tem um filho é porque se escolhe. Também, definitivamente, escolhe-se não tê-lo, porque ainda que muitas vezes haja impossibilidades orgânicas alheias à vontade que se interpõem ao desejo de ter um filho, a adoção é um caminho absolutamente válido, possível e responsável para a paternidade ou a maternidade. Não adotar é, nesses casos, e da perspectiva que apresento, uma maneira de escolher.

Se, definitivamente, todo filho é escolhido, nos é apresentado com força ineludível o sentido da função parental. Os filhos não vêm a este mundo para satisfazer os pais, ou para cumprir desejos frustrados ou postergados destes, ou para representar papéis em roteiros alheios, ou para preencher vazios existenciais de papai e mamãe, ou para ser companheiro de pais solitários, ou para se converter em instrumentos funcionais de competições ou rivalidades que seus progenitores assumem com qualquer um, ou para ser companheiros de aventuras de seus papais e mamães, ou ainda para lustrar um sobrenome ou dar continuidade a um hábito familiar.

Os filhos vêm para cumprir um objetivo único e intransferível, para desenvolver uma vida própria, para converter em atos as potencialidades encerradas em seu ser. Diz-se que na semente está a árvore e que esta semente só precisa de um solo fértil, de água e paciência. Nela está tudo o que a árvore será se for cumprido seu ciclo evolutivo. As árvores, que são os filhos, precisam não ser desvirtuadas, mas atendidas; precisam de tutela para crescer. Nem ser deixadas ao azar para que a primeira tormenta as destrua, nem ser podadas ao ponto de que este ato seja uma mutilação. Como jardineiros, os pais são responsáveis por atender ao desenvolvimento da semente que escolheram plantar e essa responsabilidade implica estar presentes e ativos nas secas, nas tempestades de granizo, nas chuvas, sob o sol inclemente e também sob o sol quente e nutritivo, nas quatro estações, até que o fruto assuma sua forma. Segundo as célebres palavras do grande poeta libanês Gibran Khalil Gibran que vem ao caso citar mais uma vez, "podeis abrigar seus corpos, mas não suas almas / pois suas almas moram na casa do amanhã, / que não podeis visitar nem sequer em sonhos. / Podereis, quando muito parecer-vos com eles; mas não trateis de fazê-los semelhantes a vós. / Porque a vida não retrocede nem se estanca no ontem. / Vós sois os arcos dos quais vossos filhos são arremessados como flechas vivas." (do poema "Das crianças", em *O profeta*).

Ser um arco é se manter firme. Só assim a tensão do lançamento será conveniente. Conforme para onde o arco aponte, será o voo da flecha, portanto ele deve apontar em alguma direção e fazê-lo com convicção. O arco define um limite da trajetória da flecha, o outro o alcançará ela própria como culminação de seu voo. Mesmo que quisesse ser flecha, o arco, nesta história, só pode ser arco, e a isso deve pretender. Quando não é assim, sobrevém, como descrevem Jaume Soler e Merce Conangla, o caos mais total e absoluto. "Não há pautas claras. Não se estabelecem limites. Às vezes tentam, mas em seguida os adultos referenciais — pais ou mães — se esquecem que os estabeleceram, perdidos em seu próprio caos (...) Os menores também estão desorientados, ficam nervosos e tentam se apossar do território familiar ficando apenas com aquilo de que gostam e fugindo de tarefas e responsabilidades."*

Ser pai significa *trabalhar* como pai. Do contrário, somos meros reprodutores, condição que compartilhamos com coelhos, gatos, leões, zebras ou qualquer ser vivo. Não se trata apenas de inseminar, gerar e parir. Isso é o mais simples e o que leva à confusão. Acreditamos (ou nos fizeram acreditar) que o "normal" e "natural" é ser pai. É errado. Isso é apenas ser semeador, gerador, reprodutor ou repetidor. Ser pai é, no entanto, se converter em educador, reitor, referência, acompanhante, apoiador, limitador, legislador. Se não estivermos dispostos a aceitar o trabalho parental, podere-

---

* Em *Juntos pero no revueltos*, livro que integra a trilogia *De la familia obligada a la familia escogida*, Amat Editorial, Barcelona, 2006.

mos destinar essa energia para outros fins que talvez sejam mais fecundos e transcendentes para nós mesmos e para o mundo que habitamos.

A PONTE ESSENCIAL

Só quando assumimos com responsabilidade e consciência a função parental podemos fazer com que os vínculos entre pais e filhos se transformem em relações de amor, de verdadeiro amor. O amor não se impõe nem se decreta, não é fruto de um mandado nem se compra feito. Não é uma abstração que preexiste aos sujeitos que se amam. É uma construção deles, neste caso de pais e filhos. Nem os filhos são obrigados a amar seus pais simplesmente porque devem, nem os pais são obrigados a amar seus filhos porque estes o são. Este dogma deixou, na história humana, inumeráveis vítimas emocionalmente mortificadas ou afetivamente incapacitadas. O amor é fruto de uma interação, nutre-se da mesma, e, por sua vez, a alimenta, lhe dá direção e sentido.

Cada ser humano é único e, por isso mesmo, sua condição essencial é aquela que Erich Fromm denominou de *separatividade*. A busca do outro, o encontro profundo dos diferentes permite construir uma ponte entre a *separatividade* de ambos e essa ponte que se chama amor. Sua construção é uma obra de arte. Como a designou a genialidade de Fromm, é *A arte de amar*. Nessa obra fundamental, este grande psicoterapeuta e pensador descendente dos talmudistas escreve: "A essência do amor é trabalhar por algo e fazer crer que o amor e o trabalho são inseparáveis. Ama-se aquilo pelo que se trabalha e trabalha-se por aquilo que se ama." Fromm liga o amor à responsabilidade e ao respeito, e define o respeito de uma maneira que se aplica especialmente à relação dos pais com os filhos: "Quero que a pessoa amada cresça e se desenvolva por si mesma na forma que lhe é própria e não para me servir."

Quando os pais se servem de um filho, seja através da manipulação, da indiferença, da ausência, da adulação ou do medo, pouco fazem para construir a ponte do amor e, embora os preceitos mandem esse filho respeitar seus pais, jamais poderão obrigá-lo a amá-los. Se não se aproximarem de seu filho para conhecê-lo de verdade, para adquirir consciência plena de sua individualidade, para assistir de maneira ativa e, ao mesmo tempo, objetiva, o desenvolvimento e a consagração dessa individualidade, os pais pouco terão trabalhado para amar de verdade seu rebento, para fazer do amor algo mais que uma declaração formal, confusa e imposta.

Como se exerce a paternidade de um modo nutritivo e assertivo? As receitas se assemelham muito a um terno de tamanho único que deve vestir bem a todos (altos, baixos, gordos e magros). As fórmulas substituem o que há de mais rico na vivência humana: a experiência. Substituem-na pelas experiências de outros e convertem aquele que usa a fórmula em um simples instrumento, quando não em um robô. Talvez seja tarde para advertir, mas o leitor deste livro não encontrará receitas. Virginia Satir, mestra imprescindível da terapia familiar, escreveu que "nenhuma criança vem com um manual de instruções acerca de como crescer e se desenvolver; alguém tem de criá-las nesse momento e não dentro de dez anos. Esse alguém são vocês, pais (...) Duas grandes interrogações se apresentam de uma maneira ou outra a todos os pais: *Que tipo de ser humano quero que meu filho seja? O que posso fazer para consegui-lo?* Suas respostas, como pais, significam a base de seu desenho, seu projeto para fazer seres humanos... humanos. Todos os pais têm respostas para estas perguntas — elas podem ser claras, indefinidas ou duvidosas — mas eles as têm".*

Para comprovar que as têm, para colocá-las em prática, para construir um vínculo, para lhes dar um sentido e transcendência, têm de estar presentes, com tudo o que isso significa em matéria de tempo, de atitudes, de decisões, de responsabilidade. Muitos pais e muitas mães o fazem. Hesitam, temem, se veem cercados de interrogações que talvez jamais tenham respostas, mas o fazem. Alguns desses pais vivem sob o mesmo tempo, formam o próprio casal que, ali e então, começou a viagem. Outros se separaram e ainda assim estão presentes porque entenderam que os casais se

---

* Em *Relaciones humanas en el núcleo familiar*, Editorial Pax-México, 1983.

divorciam, mas os pais jamais se separam de seus filhos quando têm consciência de sua função. Separados ou juntos não é a questão e não pode ser uma desculpa. Trata-se de estar *com* os filhos que escolheram trazer à vida.

E trata-se de ajudá-los a ser indivíduos plenos, a converter-se nas árvores condensadas na semente plantada. Fromm diz às mães: "Querer que a criança se torne independente e venha a se separar dela deve ser parte de sua vida." E diz aos pais: "Devem ser pacientes e tolerantes, não ameaçadores e autoritários. Devem dar à criança que cresce um senso cada vez maior de competência e oportunamente permitir-lhe ser sua própria autoridade e deixar de lado a do pai." É, em ambos os casos, a descrição de um processo alquímico maravilhoso e único, de um processo sagrado pelo qual se honra a vida. A vida criada por escolha própria.

A MISSÃO A CUMPRIR

A maior conquista da maternidade e da paternidade, o atestado indubitável de que a missão foi bem cumprida, consiste em deixar de sermos requisitados por nossos filhos, em que, tendo alcançado o desenvolvimento de suas próprias condições e instrumentos, eles venham a nós por amor, simplesmente para compartilhar e celebrar o encontro, e não por necessidade, por incapacidade, por confusão emocional a respeito do vínculo que nos une. Para conseguir isto, devemos antes estar muito próximos, muito presentes, muito ativos, muito determinados. Quando meu filho Iván tinha poucas semanas de vida, depois da primeira visita ao consultório do pediatra (o para mim inesquecível doutor Carlos Ylia Levin) e de este ter dito que ele estava em perfeitas condições, o próprio especialista nos acompanhou até a porta, segurou-me pelo braço com um cálido aperto e, fitando-me nos olhos, disse: "Daqui em diante, suavidade e firmeza." Naquele momento achei que a frase era contraditória, mas, com o tempo, compreendi a sabedoria que encerrava. Compreendi que era uma polaridade de opostos complementares e que, na integração dos mesmos, devia se basear meu trabalho como pai. Não sei se sempre soube ser suave ou ser firme, ou firme e suave ao mesmo tempo, não sei se sempre apliquei cada atributo no momento oportuno ou se os confundi. Certamente acertei muitas vezes e me equivoquei tantas outras. Se tivesse que dar um conselho a meu próprio filho acerca do que fazer como pai lhe diria o mesmo que o doutor Levin me disse naquela tarde, na porta do consultório. Tomara que não precise explicar muito mais, tomara que ele o tenha entendido a partir de sua própria experiência como filho.

A suavidade e a firmeza só funcionam quando acompanhadas pelo compromisso. Quando nos tornamos pais e mães, uma nova vida começa para a gente. O resto da nossa vida. Teremos toda essa ramificação pela frente para exercer o compromisso e a responsabilidade, para dar-lhes forma e para construir o amor. Haverá idas e voltas, haverá luz e penumbra, haverá erros e acertos. O que não pode haver é preguiça, negligência, irresponsabilidade, desonestidade emocional, esvaziamento afetivo, duplas mensagens, ocultações. O que não pode haver, definitivamente, é deserção, abdicação e ausência. Quando isto ocorre, nos convertemos em gestores, encobridores e cúmplices de um modelo social abjeto, obscenamente materialista, centrado no egoísmo e no lucro a qualquer preço, vazio de sentido. Um modelo social que hoje se alimenta de uma maneira perversa de nossos filhos. Essa é a sociedade dos filhos órfãos.

E esses filhos vivem a pior das orfandades. Aquela na qual seus pais estão vivos.

Pais vivos e filhos órfãos é a pior equação imaginável. De ninguém mais do que de nós, os adultos, os pais, depende mudar este modelo para fazer da relação entre pais e filhos, entre adultos e jovens, algo mais que um acidente biológico. Depende de nós, sem demora nem desculpas, transformá-la em uma construção de amor, de respeito e de sentido.

Apêndice
O homem que não deixou órfãos

Quando o conheci, ele tinha 37 anos e eu, 16. Na realidade, vi-o e soube dele vários anos antes, mas foi então (aos meus 16 e seus 37) que entrou em minha vida. Era um sujeito sólido, nem gordo nem excessivamente robusto. Exibia uma careca resplandecente, rodeada de um cabelo escuro cortado e arrumado com cuidado. Suas sobrancelhas eram grossas e escuras, como seu bigode. Tinha um olhar que tanto podia ser inquieto, como curioso, desafiador ou acariciante. Seus olhos eram vivos e luminosos, como ele. Sua voz, clara, fresca e máscula. Fazia muito bem ouvi-la. Sua presença era precedida por um assovio harmônico ou pelo cantarolar de alguma ária de ópera ou de alguma *canzonetta*. Então, aparecia. Caminhava erguido, com um andar levemente chapliniano.

Eu estudava no Colégio Nacional Absalón Rojas, de Santiago del Estero (colégio imortal, como rezava o hino que cantávamos com vigor). O homem que descrevo era nosso professor de Italiano e de Educação Física. E o foi no quarto e quinto anos. Nascido José Presti, para nós era, simplesmente, o Calvo Presti. Ou melhor, Calvo. Quando entrava na sala de aula, mandava fechar a porta e as janelas que davam para a galeria e ao pátio central do Colégio (uma espécie de bela praça com bancos e canteiros). Assim, evitava olhares indiscretos, sobretudo os da reitora, do vice-reitor e de outros. Então, costumava abrir uma enorme pasta e dali extraía livros como um mágico tira pombas de uma cartola encantada. Os livros surgiam vivos e palpitantes, impregnados pela energia que Calvo lhes transmitira ao lê-los e explorá-los. Trazia marcadas páginas e parágrafos. Começava a distribuí-los, depois nos sentávamos em círculo, sobre as carteiras, e ele dizia: "Vamos ver, Meneco, leia isso que você tem aí", "Ruli, continue você"; "Morro, leia o seu". Líamos em voz alta textos tão variados como a vida. Educação sexual (em 1963 e 1964!), contos de Jack London, reflexões espirituais, um poema. Discutíamos, contávamos o que sentíamos ou pensávamos sobre esses textos. Calvo estimulava a conversa com brio, com entusiasmo, com elegância, com comentários lúcidos.

Não era tudo. Calvo sabia exatamente o que acontecia com cada um de nós. Sabia dos amores e desamores, das esperanças e desencantos, das dificuldades mais íntimas e das conquistas mais valorizadas por cada um daqueles trinta garotos que se preparavam para a vida. E perguntava, e ouvia, e nos ajudava a pensar e, se pedíssemos, nos aconselhava e nos acompanhava. Ninguém matava suas aulas. E nunca um grupo de estudantes do ensino médio deve ter acudido com tanta urgência e entusiasmo às aulas de Educação Física. Porque ali, à tarde, vestidos a caráter, as acompanhávamos, de fato. Para Calvo Presti cada um de nós era um ser único; ele nos diferenciava e nos fazia sentir distintos, nos remetia à nossa originalidade essencial. Fomos saudável e prazerosamente discriminados. Tinha tempo, ouvidos, olhos, mente e coração para cada um. E agíamos como filhotes que seguiam confiantes e felizes aquele magnífico exemplar de macho alfa. E, além disso, aprendemos italiano e, em Educação Física, nos cansávamos após exaustivas corridas, flexões, sessões de barra e caixote. Porque Calvo cumpria exacerbadamente os programas e nós não reclamávamos. E era nossa referência, nosso guia nas zonas escuras, nosso provedor de valores e o zeloso guardião de nossas confissões mais íntimas.

Hoje me parece incrível que esse sujeito tivesse apenas 37 anos quando fazia tudo aquilo (o fazia ano após ano, com cada nova turma, e o fizera antes, sendo ainda mais jovem, e o continuou fazendo por muitos anos, e não abandonou a atitude nem mesmo aposentado). Apenas 37 anos. A idade em que hoje tantos andam enredados, sem rumo e sem um propósito, gaguejando uma adolescência eterna, interminável, patética.

José Presti (Pepe, o Calvo) nasceu em 18 de agosto de 1926, em Santiago del Estero. Seus pais haviam chegado da

Itália há apenas três meses, provenientes de uma pequena aldeia próxima da Sicília chamada Pettineo. Vinham, como tantos, travar uma dura batalha pela sobrevivência. A esta altura, só Deus sabe, dado que já não restam outras testemunhas, por que foram parar em Santiago del Estero, um lugar tão distante e tão diferente, para iniciar uma aventura tão incerta e hostil. A mesma pergunta cabe para meus avós maternos, que vieram da gelada Lanowce (um lugar que foi, alternadamente, Polônia e Rússia) e apareceram em terras santiaguenses. "O que é isto, a África?", dizem que perguntava repetidamente meu avô Manuel, mal podendo respirar e tentando inutilmente secar o suor nos primeiros tempos de sua imigração.

O certo é que José Presti nasceu em Santiago em 1926. Compartilhamos o signo astrológico. Ele é um leonino dos melhores, generoso, nobre, capaz de iluminar seu entorno com uma luz que permite ressaltar as mais belas cores e todos os volumes de cada coisa, cada paisagem, cada pessoa. Um rei empático, de fato preocupado com cada um daqueles que o cercam, um homem merecidamente orgulhoso de seus próprios esforços e de suas conquistas, uma fonte de calor fecundante. Seu pai, mal a família desembarcara, sem falar uma palavra de espanhol e com mínima instrução, começou a fazer o que pôde. Foi vendedor de vinho a domicílio. Pepe teve, segundo recorda, 14 irmãos. Não conheceu a todos e só sobreviveram seis. Sua mãe, uma analfabeta sacrificada, amorosa e tenaz, lhe contou como, ao longo da

Primeira Guerra, os irmãos que ele não conheceu morreram de paludismo, de malária, morreram, enfim, como tanta gente pobre morria então, como tantos excluídos, postergados, esquecidos e desvalorizados continuam morrendo hoje: simplesmente, sem oportunidade de se defender, vítimas do evitável. E nem bem começara a caminhar, Pepe andava ao lado de seu pai, ajudando-o em seus afazeres. Ia descalço, curtindo dolorosamente as plantas de seus pequenos pés sobre o braseiro daquelas calçadas estorricadas por um sol infernal.

"Não me lembro de ter tido infância", ele me confessa agora, adultos os dois, enquanto nos recuperamos, enquanto eu, sobretudo, o recupero. Encarregou-se de criar seus irmãos, mesmo sendo o menor de todos, e encarregou-se dos sobreviventes, especialmente de suas irmãs solteiras, de quem, com seus parcos vencimentos, custeou a carreira docente. Procurou escolas para elas, tirou seus documentos de identidade. O que seus pais sabiam disso? Heróis silenciosos e obstinados, já faziam bastante garantindo a sobrevivência de todos os que restavam em pé. Essa foi a infância de Pepe: trabalhar, ajudar a criar os irmãos, estudar. Estudar empenhada e obstinadamente, como um náufrago que, açoitado pelo vento e derrubado por ondas furiosas, sabe que se agarrar a uma madeira representa a única oportunidade. Talvez uma história como centenas. E, no entanto, como essas centenas de histórias, é única, intransferível e, para que o mundo exista, é absolutamente imprescindível.

Terminou a escola primária em 1940 e estava disposto a continuar. O que escolher, então? "Não era uma boa época para minha família" diz, enquanto seus olhos fitam um ponto distante no horizonte, um ponto em que eu talvez não descubra nada, mas no qual vê imagens de sua vida. "Entrei para a escola normal, me formaria professor e isso seria uma saída profissional. O magistério, naquele momento e naquele lugar, era o melhor para um desafortunado como eu." Quando chegou ao terceiro ano, viu-se diante de um ato do ministro da Educação ("O doutor Jorge Coll deve ter sido o melhor que houve desde então até hoje."). Faltavam professores de Educação Física no país, de maneira que os alunos do terceiro ano do magistério que tivessem sete pontos de média geral, boa saúde e preenchessem alguns outros requisitos poderiam cursar o quarto ano na Escola Normal de San Fernando, Buenos Aires, e, ao mesmo tempo, iniciar-se no Instituto de Educação Física dessa localidade, uma instituição modelo. Pepe fez essa opção.

Não foi fácil, recorda. A Educação Física era considerada uma matéria inútil e essa era a ferramenta com que aquele rapaz de 18 anos iria contar para iniciar seu caminho de independência na vida. "No entanto, no Instituto recebi uma formação extraordinária e ali nasceram minhas inclinações para agir como agi no exercício da profissão", lembra agora. Acredito, mas há algo que não revela. Sem dúvida, pelo que conta, a formação que recebeu deve ter sido magnífica. Mas há muito, talvez o essencial, que é dele, que vem de sua sensibilidade, de seu espírito, de sua consciência.

Vivi em Santiago durante minha infância e adolescência. Assim que terminei o ensino médio me mudei, sozinho, para Buenos Aires a fim de estudar e começar a procurar e construir meu destino. Desde esse momento não voltei a ver Pepe Presti nem a saber dele. Nunca o esqueci, aprendera muito com ele, aprendera coisas essenciais. Pepe ensinou a mim e a meus companheiros que éramos valiosos, que éramos pessoas, que merecíamos tempo por parte de um adulto, que para *esse* adulto era importante nos orientar (e, portanto, valorizávamos e agradecíamos a orientação, como o tempo, o olhar e a escuta). Pepe nos transmitiu valores e o fez através de sua conduta, de seus atos e gestos. Era um ensinamento homogêneo, ativo, sólido, nutritivo. Pepe se ocupava da gente, com a gente, e o fazia simplesmente porque éramos nós, porque lhe importávamos e não porque o determinasse o currículo, o protocolo, o ministro (que nunca diz estas coisas) ou porque lhe pedissem nossos pais. Nossa simples existência nos tornava importantes para ele. O que eu aprendi com Pepe grudou em minha pele, tornou-se parte de mim, me constituiu como pessoa. Ao lado de um adulto como Pepe Presti, o querido Calvo, nenhuma criança poderia se sentir órfã.

Falei centenas de vezes sobre Pepe. Com minha mulher, com amigos, nomeei-o em diferentes lugares, diante de diferentes plateias. Durante anos, cada vez que pais ou docentes me perguntavam como educar, como criar, como acompanhar, como orientar as crianças em um mundo e em uma época tão difíceis como os que vivemos, cada vez que me perguntaram sobre como educar com valores, relatei minha experiência como aluno de Pepe Presti. Contei como ele fazia. Transmiti o que transmitia a nós, seus alunos, seus filhos adotivos. E uma e outra vez disse: "Não o vejo desde meus 17 anos, mas o seu espírito ficou em mim para sempre, foi o mais importante que aprendi no Colégio. Não sei o que terá acontecido com ele, só sei que, no que me diz respeito, cumpriu sua missão."

Repeti a mesma coisa no final de março de 2007 quando me entrevistavam no programa *Los Notables*, da rádio LT8, de Rosário, ao qual me convidou seu produtor geral Oscar Secini. Faltavam três minutos para que terminasse o programa quando colocaram alguém no ar. "Quem fala?", perguntou o apresentador. "José Presti", disse uma voz inconfundível do outro lado. Eu não ouvia aquela voz há 42 anos. Emudeci. Meu coração parou. Só consegui balbuciar: "Calvo... É você?" Quando me disse que sim comecei a chorar e não consegui mais falar.

Era ele. Estava em Santiago, não em Rosário, como eu achava. Em apenas cinco ou seis minutos Secini havia conseguido acionar redes informáticas e localizá-lo e, homem generoso, misterioso anjo da comunicação, nos colocara em contato. Nesse momento, transbordado de emoção e pranto, não consegui lhe dizer muito mais do que "Obrigado,

Calvo". Mas poucas semanas depois cheguei a Santiago e lhe dei um abraço que ele devolveu como sempre: com força, com amor, com calidez, com presença. Nos dias que se seguiram, me dei um verdadeiro festival do Pepe Presti autêntico, genuíno e inconfundível. Encontrei-o cheio de vida, lúcido, questionando a estupidez e as perversões dos modelos sociais vigentes, visionário, cheio de ímpeto, de conhecimentos, de iniciativas, de ideias e de amor. Anda de bicicleta, passeia de bermudas pelas ruas santiaguenses, sua careca é a de sempre, seu bigode também, só que agora é branco, como o cabelo que cerca a careca, e o acompanha um cavanhaque, também branco. Caminha em um bom ritmo, e me fez muito bem sentir sua mão pegando meu braço (como se ainda me guiasse) enquanto andávamos pelas velhas e queridas calçadas de sempre. E sua mente... Uma mente de 81 anos funcionando a toda, dando lições de empatia, de clareza. E seu coração, amplo e profundo como sempre ou mais.

Compartilhamos recordações, compartilhamos nosso inconformismo contra o que a sociedade e a cultura light, materialista, irresponsável e egoísta propõem a cada dia e contra os frutos desse modelo. Ficamos assombrados com as inúmeras coincidências que havia entre nossas leituras, nossas ideias, nossos sentimentos, nossas utopias, nossas certezas nestes 42 anos em que não nos vimos e, no entanto, estivemos tão perto, tão enredados. Coincidências significativas, diria Jung, e repetiria com prazer Pepe, que é um fanático por Jung, como o é por Frankl, Jesus, Buber, Madre

Teresa. Tanta coincidência é explicável. Não há acaso neste caso. Coincidimos porque Pepe Presti sempre esteve dentro de mim, em meus pensamentos, no que aprendi com ele e no que levei às minhas próprias iniciativas, ações e visões.

Hoje é o terror dos médicos, quer ser, como ele diz, "um paciente horizontal", não uma sombra muda esmagada pela soberba onipotente de um médico. Informa-se, pergunta, discute, faz suas próprias sugestões, exige que lhe expliquem. "Sou eu quem entra com o corpo, depois de tudo", sorri malicioso com aquele olhar inconfundível. Graças a isso evitou operações desnecessárias, encontrou novos caminhos e incentivou seus médicos a percorrerem-nos com ele. Em algum momento, e por uma questão pontual, um psiquiatra tentou enquadrá-lo em uma das etiquetas do DSM-IV (Manual Diagnóstico e Estatístico de Doenças Mentais, volume quarto, na sigla em inglês, um manual muito parecido com o de certos eletrodomésticos com o qual o *establishment* psiquiátrico norte-americano pretendeu classificar e explicar, com valor de dogma, os comportamentos humanos e que muitos crentes do mundo usam sem discernimento, sem questionamento nem reflexão, como ocorre com qualquer dogma). Pepe se livrou rapidamente do profissional (que lhe augurava os piores desastres se se atrevesse a fazê-lo) não sem antes deixar-lhe, "para que leia e aprenda", um livro de Viktor Frankl.

Continua questionando a envaidecida soberba daqueles que expelem regras sobre docência, educação e criação sem sujar as pontas dos dedos tocando uma criança de carne e osso. Propõe ideias simples, profundas e revolucionárias (muitas delas uma homenagem à sabedoria e ao senso comum), que aqueles luminares ouvem com o mesmo pânico que o conde Drácula sente quando vê o sol nascendo ou diante da presença de um espelho. É ainda hoje uma referência para jovens docentes, para religiosos, para intelectuais. Quando às vezes é entrevistado por um jornal ou uma rádio, suas palavras produzem um terremoto de meia intensidade. Pegou pelas mãos a causa dos aposentados do magistério e está pronto para qualquer outra causa que mereça sua atenção e seu compromisso. A idade está longe de ser uma desculpa para abdicar de suas convicções e ações.

Encontrei-o tal como o recordava. Através do clube colegial, Pepe Presti, um professor de Italiano e de Educação Física ("Como este sujeito pode receber o mesmo que a gente?", perguntavam-se alguns de seus colegas, titulares de matérias "de prestígio") chegara a influir em quase todas as atividades do Colégio. Nada lhe escapava. Visitava nossas casas, geralmente na hora da sesta, quando em Santiago del Estero todo mundo está em seu refúgio, tocava a campainha e reunia os pais e os filhos para discutir questões que tanto podiam se referir ao comportamento como ao desempenho escolar ou a temas pessoais das crianças. Depois de quarenta anos, graças a essa viagem que me reuniu com Pepe, voltei a encontrar a maioria de meus companheiros de Colégio. Todos recordavam isto, a maioria tinha uma história pessoal a respeito. Vários lhes disseram: "Você salvou minha vida." Ou "Graças àquela vez em que você foi a minha casa, hoje sou o que sou." Quando encontra aqueles que foram seus alunos nas ruas de Santiago (fomos tantos ao longo de tantos anos!), Pepe lhes dá um beijo na face ("embora se envergonhem, semelhantes grandalhões", diz) e lhes recorda (como recordou a mim) que são seus filhos adotivos. Ou espirituais, como também gosta de dizer. Nós, os filhos, o tratamos com carinho, o desafiamos com piadas, e ele responde. Há poucos meses, reunido à noite com muitos daqueles companheiros e com Pepe, em Santiago, compartilhando conversa, vinho, recordações, palmadas, abraços e um assado, me abstraí por um momento, ocupei o papel de observador, nos contemplei e pensei: "Fomos abençoados." E agradeci a quem deveria agradecer. Depois, voltei à conversa.

Não somos seus únicos filhos. Pepe se casou com Alicia Vignau, professora como ele, fervorosa cultivadora da literatura, amante silenciosa das palavras, as quais honra, cuida e protege, uma mulher suave e sábia. Teve com ela cinco filhos: Alicia Inés, advogada; Rafael, médico; Pablo, contador; Gabriela, professora de Inglês; Alejandro, advogado. E 16 netos. Uma noite fui objeto de um dos privilégios mais belos da minha vida: estive na casa de Pepe (a mesma casa da rua Rioja em que vive há meio século) com todos eles. Flutuando naquela atmosfera reparadora, deixando-me mimar, me dei conta de que tudo o que Pepe fazia no Colégio era a continuidade de como vivia em sua casa, de como tratava seus filhos. Na casa de Pepe percebi o mesmo que havia na sala de aula: amor em atos. Ou seja, o amor como verbo, não como substantivo.

Naquela noite do reencontro com meus companheiros, entre tantos episódios recordados voltou um, emblemático. Pepe, quando sua função era a de professor de Educação Física, exigia que nossos tênis estivessem sempre limpos. Ocorreu a algum de nós o estratagema de esfregar giz branco nos tênis e o exemplo se espalhou. Então, um dia, no começo da aula, Pepe deu, com sua voz ressoante, uma ordem clara e precisa: "Senhores, sapateiem!" Primeiro fomos tomados pelo estupor e depois cobertos por uma nuvem de pó branco que subia de nossos pés enquanto estávamos ali, sapateando como se quiséssemos esmagar formigas. Quando mandou que parássemos, os tênis exibiam a mesma sujeira de antes. "O que quero é que lavem os tênis, não que os pintem", disse Pepe. "Quero que se esmerem para cuidar de suas coisas, que saibam o que é o esforço. Assim, pois, senhores, na próxima vez, esses tênis terão de estar lavados: e lavados por vocês, não por suas mães." E assim foi feito. Sabíamos que Pepe iria se inteirar se o havíamos feito com nossas próprias mãos ou não. Iria de casa em casa para investigar, se fosse necessário.

Da mesma maneira, uma manhã, quando seus filhos eram pequenos e após descobrir que não cumpriam a regra de não ver televisão depois de certa hora, se levantou, se vestiu, colocou em seus braços o pesado televisor da família que comprara com esforço, foi até a loja onde o adquirira e, sem maiores complicações, o devolveu. Passaria um tempo até que o aparelho voltasse e foi em outras condições.

Nem seus filhos perderam seu amor por ele por aquilo — exatamente o contrário. Nem nós, seus filhos espirituais, tivemos um grama a menos de carinho e de gratidão por ele por episódios como o dos tênis. Exatamente o contrário.

Como Pepe Presti veio a aparecer neste livro? Acredito que as razões estejam claras. Pepe Presti dedicou sua vida e o melhor de si a educar, a criar, a formar, a transmitir, a legar, a guiar, a difundir valores e fornecer instrumentos, a seus próprios filhos e às crianças que a vida colocou no seu caminho, para que pudessem crescer como seres autônomos, valorizados, com confiança em si, capacitados para dar sentido à própria vida. Nada foi fácil para Pepe. Fabricou tempo quando não o tinha, aprendeu o que não sabia, envolveu-se em territórios que lhe eram desconhecidos, encarregou-se, assumiu suas responsabilidades, não delegou, não olhou para o outro lado, não fez papel de ridículo, jamais teve medo de seus filhos, nem dos de sangue nem dos que foi adotando. Não temia quem amava. Aprendeu com eles o que teve de aprender e lhes ensinou o muito que teve e tem para ensinar.

Em uma sociedade a cada dia mais órfã de transcendência, de espiritualidade, de consistência emocional, de respeito e honra em relação ao outro, em uma sociedade na qual aqueles que devem criar e educar deixam, cada vez mais, as crianças à deriva ou nas mãos de autênticos depredadores sedentos de lucro, sem ética e sem moral, Pepe Presti é um emergente que gera esperança. Um entre tantos, sem dúvida. Aquele que, afortunadamente, esteve em minha vida. Há, tenho certeza, muitos Pepe Presti. Mas são necessários muito mais.

Na sociedade dos filhos órfãos, Pepe Presti não deixou ninguém órfão, jamais. Que outra coisa se pode pedir a um pai, a um mestre? Querido Pepe: missão cumprida.

Ponto de encontro

O autor receberá, com extremo interesse, e desde já agradece, todas as opiniões, ideias e reflexões que os leitores queiram apresentar acerca deste livro.

perelsin@hotmail.com
www.sergiosinay.com

Este livro foi composto na tipologia Minion Pro,
em corpo 11,5/17, e impresso em papel offwhite 70g/m²
no Sistema Digital Instant Duplex
da Divisão Gráfica da Distribuidora Record.